多摩ごはん

百店満点レストラン

目次

店名（ジャンル名）最寄り駅名

日野市
ビストロ・ド・ミニヨン（フレンチ）日野 …… 40
マリベン（スペイン料理）高幡不動
プティ・ファンベック（フレンチ）高幡不動 …… 42
LA PARATINO《ラ・パラティーノ》（イタリアン）日野

八王子市
ルヴェ ソンヴェール南大沢（フレンチ）南大沢 …… 44
クレッソン（洋食）八王子 …… 46
FuMotoyA《ふもとや》（イタリアン）高尾山口
山の神（ほうとう・郷土料理）高尾山口 …… 48

府中市
Bel《ベル》 lino《リーノ》（イタリアン）分倍河原
たか田（和食）府中 …… 50
ラ・ルーチェ（イタリアン）府中

調布市
厨房セルポワ（フレンチ）布田 …… 52
レストラン アミューズ（フレンチ）仙川

狛江市
福福《ふうふう》（中華）狛江 …… 54
好華《こうか》（中華）狛江

稲城市
Kitchen《キッチン》 & Bar《バー》 Swim《スイム》（ダイニングバー）若葉台 …… 56

多摩市
リバゴーシュ（洋食）永山
トレーノ・ノッテ（イタリアン）多摩センター …… 58
ラ・パーラ（イタリアン）多摩センター …… 60
レストラン神谷（肉料理）聖蹟桜ヶ丘
Ubriaco《ウブリアーコ》（イタリアン）聖蹟桜ヶ丘 …… 62

町田市
Bianco《ビアンコ》（イタリアン）町田
エルヴェッタ（イタリアン）町田 …… 64
ルーチェ（イタリアン）町田
カリヨン（コーヒーショップ）町田 …… 66

西東京市
ココット（洋食）ひばりヶ丘
チョーサンズグリル（ハンバーグ）田無 …… 68
墨花居《ぼっかきょ》 田無店（中華）田無

小平市
CUORE《クオーレ》（イタリアン）小平 …… 70
四季亭（和食）一橋学園 …… 72
ZEN《ゼン》（洋食）花小金井

東大和市
Dans《ダン》 le《ル》 champ《シャン》（フレンチ）上北台 …… 74
鳥山（囲炉裏焼）上北台／西武球場前
Cantina《カンティーナ》（イタリアン）東大和市 …… 76
Le《ル》 Chalet《シャレー》（スイス料理）東大和市 …… 78

本書の使い方

本書のデータは、2011年3月現在のものです。

取材後に料金・営業時間などが変更される場合もありますので、ご了承ください。

＊メニューの金額は税込みです。

ランチコース3500円より「野菜だけの前菜」

33

生産地の景色が思い浮かぶ、心がつながるイタリアン

In Camera《インカメラ》 CONTERRAZZA《コンテラッツァ》　立川市 ●イタリアン

「今ある野菜をすべて使いました」と浜崎隆シェフ。思わず息をのむ「野菜だけの前菜」、ハートをギュッとされて、料理に、お店に、恋をする瞬間。

　開店にあたり食材探しの旅に出かけ、佐渡島で出会った漁師さんの魚や熊本の無肥料・無農薬に取り組む農家さんの野菜など、届くものすべてが浜崎さんのハートをくすぐった食材だ。

　日本の食材、日本人シェフ、日本人が食べるのなら日本のワインもいいでしょうと、リストの3分の1は国産。マネージャーの伊藤貴樹さんは「質の高いものが眠っています」とワイナリーとの交流も積極的だ。

　キッチンを囲む部屋のような店内は、どの席もシェフズテーブル。生産者、そしてスタッフの皆さんと私たちがつながる場所。Ⓜ

メニュー
ランチコース　3500円
ディナーコース　6000円／8000円／10000円
70種あるグラスワイン　600円～

☎ 042-548-9848
住 立川市柴崎町3-7-14　植源BLD 2F
JR立川駅南口徒歩3分
営 12:00～15:00(13:00LO)、17:30～23:30(22:30LO)
＊ランチは水、木、土、日(第4除く)のみ
定 月曜
席 カウンター8席　テーブル10席
喫 喫煙可
P なし

32

住 住所・最寄り駅
営 営業時間(LO…ラストオーダー)
＊ラストオーダーの明記がないお店は、
閉店時間がラストオーダーです。
定 定休日
席 席数
喫 喫煙の可否
P 駐車場の有無

時代に合わせる料理を紡ぐ、地域密着型カジュアルフレンチ

ビストロ やのや

武蔵野市 ●フレンチ

　ホテルなどで長年修業した店主は、フランス料理の基盤を守りつつ目新しさを求め、日々試行錯誤を続けている。「エスカルゴと木の子とベーコンのマデラクリーム煮（980円）」は、濃厚なブラウンソースにひと工夫。エスカルゴはブルギニオンソースという通常の組み合わせではないものを使い、クリームを加え甘くまったりとコクのある仕上がりに。「ビーフガレット仕立てマデラソースで」は、春巻きの皮をガレットに見立てハンバーグを包んだ逸品。奥様自家製のケーキも、おすすめのひとつだ。

　南仏プロヴァンス地方を思わせるような雰囲気の、明るく居心地よい空間にお腹も心も大満足できる。Y

メニュー

鶏肉とレバーを豚バラで包んだパテ　950円

豚バラ肉の柚子ジャム煮込み マッシュポテト添え　1300円

☎ **0422-23-3008**

定 月曜（祝日の場合翌日）

席 カウンター5席　テーブル10席

禁煙（夜は喫煙可）

P なし

住 武蔵野市吉祥寺本町2-7-13
JR中央線吉祥寺駅中央口徒歩8分

営 11:30～15:00（14:30 LO）、17:30～22:30（22:00 LO）

「いいものは何でも使う」気軽に通える食堂イタリアン

taverna RUCCO《タベルナルッコ》

武蔵野市 ●イタリアン

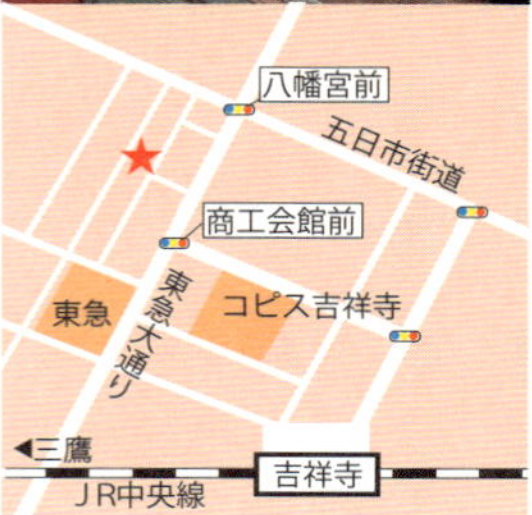

　前菜がメインで、アラカルトをシェアして食べるスタイル。あえてコースを作らないコンセプトには、気軽にお酒と食事を楽しんでもらいたいという店の思いがある。

　「西洋のおいしさはすべて取り入れる」と杉山シェフ。毎日地元の八百屋や魚屋に足を運び、鮮度のよい食材を厳選している。ベースはイタリアンだが、スパニッシュやフレンチなどの特徴を活かすメニューも多数揃う。

　人気の「牛リブロースのタリアータ すりおろした玉葱のソース」は、網焼きにした肉の香ばしさと生玉ねぎのソースが絡み、肉の旨味を引き立てながらもさっぱりと食べられる。

　日ごとに替わる新鮮な内容に毎回足を運ぶ楽しみが生まれる。Y

メニュー

本日のお刺身　1100円

野菜のムース　840円

☎ **0422-21-2921**

定 月、第3火曜

席 カウンター6席　テーブル12席

禁煙

P なし

住 武蔵野市吉祥寺本町2-8-10　ヤマキ第7ユニアス103
JR中央線吉祥寺駅中央口徒歩7分

営 11:30～15:00（14:00 LO）、17:30～23:00（22:00 LO）

「アスパラガスのムニエル　生ハムとアーモンド添え」1000円

「ビーフガレット仕立て　マデラソースで」1400円、「パン（2枚）」350円、「グラスワイン」700円〜、「ボトルワイン」2800円〜

「牛リブロースのタリアータ　すりおろした玉葱のソース」2600円

薔薇色に包まれながら旅する、ロシアとグルジア本場の味

Cafe《カフェ》 RUSSIA《ロシア》

武蔵野市 ●ロシア・グルジア料理

一歩足を踏み入れると、目に入るのは鮮やかな薔薇色の壁ときらびやかなシャンデリア。ロシア語ラジオの音が耳に入り、五感から食の旅がはじまる。本場仕込みのロシアとグルジア料理をふるまうのは、ロシアで修業したオーナーとロシアや近郊出身のスタッフたち。

まずは、「前菜の盛合わせ」でロシアとグルジア料理のエッセンスを体験。次は人気のグルジア料理「タバカ」を。3ヵ月発酵させた特製ハーブソースに漬け込んで焼くひな鶏のグリルは、ナイフを入れるとパリッと軽やかな音を立て、香ばしく甘い香りが黄金色の身の断面から立ち上る。身は柔らかいが、程よく締まっている。どこか懐かしく心の奥があたたまる、そして広大な大陸の多様性を感じる力強い味は、一度食べたらやみつきになりそう。C

メニュー

お試しセット「ロシア」	3000円
お試しセット「グルジア」	3200円
タバカ	1200円
ボルシチ	700円
ピロシキ	300円

☎ 0422-23-3200

住 武蔵野市吉祥寺本町1-4-10　ナインビルB1F
JR中央線吉祥寺駅西口徒歩2分

営 11:30～最後のお客様まで（22:00 LO）
定 不定休
席 テーブル30席
禁煙
P なし

手前から時計回りに：「冷たい前菜盛合わせ５品」１人前980円（写真は２人前）、「ハチャプリ」1000円、「タバカ」1200円

「ただいま」と帰ってきたような気持ちになれる場所

吉祥寺離れ　田舎《でんじゃ》

武蔵野市 ●和食

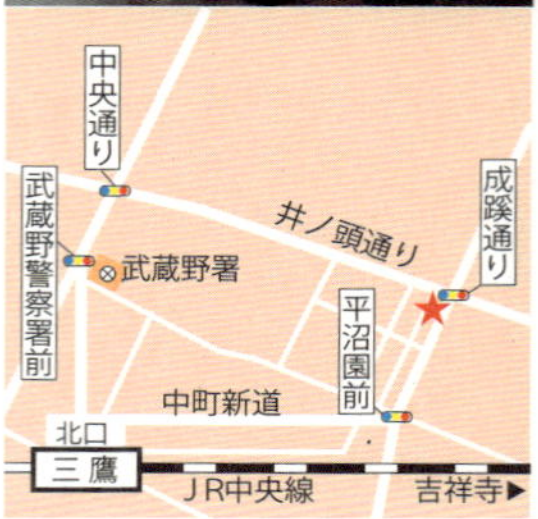

住宅街にひっそりと佇む一軒家。昭和初期に建てられた木造家屋を改装した外観・店内ともしみじみした味わいがある。

とことん和を醸す田舎《でんじゃ》のこだわり食材は、豆乳。「いろいろと試したが、ほかと味が断然違う」と神戸から取り寄せている豆乳で作る自家製豆腐は、大豆の味が口いっぱいに溶け、まさに絶品。そのまま黒蜜をかけてスイーツにもなりそうなほどまろやかだ。

外にはいけすがあり、関サバや関アジなど旬の魚を活造りで出してくれる。足が早いといわれるサバの新鮮なこと。目で見て舌で鮮度のよさを感じられる。

ディナーはもちろん、ランチでも活魚や自家製豆腐を堪能できる。Y

メニュー

(いけすの活魚)関サバ活造り(片身)　2520円～

神戸特選和牛の石焼きステーキ　2100円

☎ 0422-37-9263

定 無休

席 40席

喫 喫煙可

P なし

住 武蔵野市中町2-31-5
JR中央線吉祥寺駅西口徒歩15分／JR中央線三鷹駅北口徒歩13分

営 12:00～14:30(14:00 LO)、17:00～24:00(23:00 LO)
日祝17:00～23:00(22:00 LO)

気軽に入れてお腹いっぱいになる、ちょっとお洒落なイタリアン

TRATTORIA《トラットリア》 tutti《トゥッティ》

武蔵野市 ●イタリアン

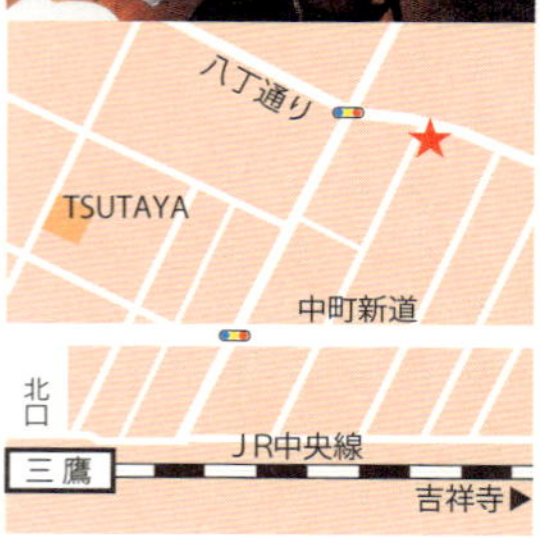

店に入ると木目のテーブル席が並び、ゆったりとして落ち着いた雰囲気。イタリア語で「いっぱい・全員・どんな…でも」という意味のtutti。その意のごとく、「お客さんのいろんな用途に合わせて使いたいように使ってほしい」とご主人。

定番メニューの「フレッシュトマトとトマトソースのスパゲッティ(900円)」はトマトの酸味を活かしたシンプルな味わい。その日の食材によって内容が替わるメニューも揃う。

ランチも充実しているが、夜に訪ねて、くつろいだ時間を味わってみてはいかがだろうか? Y

メニュー

マグロとアボカドのタルタル　700円

天使のエビのガーリックソテー(5P)　1000円

ジャガイモのニョッキのオーブン焼き　1200円

☎ 0422-38-9330

定 月曜

席 テーブル23席

喫 分煙

P なし

住 武蔵野市中町1-24-7　カーサ・トミー 1F
JR中央線三鷹駅北口徒歩6分

営 11:30～15:00(14:30 LO)、18:00～23:00(22:00 LO)

「田舎御膳」（自家製豆腐、サラダ、二段重八寸盛、ごはん、吸もの、デザート、コーヒー付き）2500円（予約のみ）

「牛ハラミ肉のロースト黒胡椒風味」1580円

「和」が魅せる、日本の食材・調味料・包丁の技

和食 きんとき

武蔵野市 ●和食

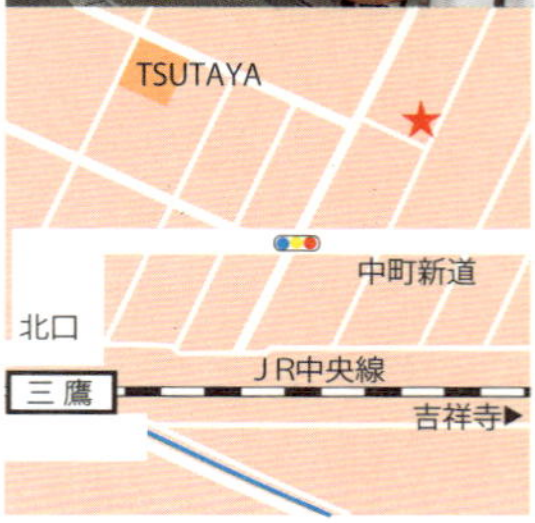

こりっ。しゃきっ。つるん。歯ごたえ歯ざわり、さまざまな食感が口の中でにぎやか。色と香りにゆっくりと季節を詠むひととき。日常を扉の外に置いて、心穏やかになれる。

店主は関西割烹を学んだ関口隆さん。1994年から吉祥寺で営み、その後階段がなく厨房が広い現在の地に移転した。

主に魚と野菜からなる献立は、くずで固めた豆乳で作る「焼きゆば豆腐」のような定番から「安納芋のリコッタチーズ和え」や五香粉を使った甘味「クレームウーシャンフェン」など、和に和でないものをプラスした冒険心も垣間見られる。割烹や会席とは言わず、あえて和食を掲げるわけはこの冒険心にありそうだ。こぢんまりとした店内に花を添えるのは、妻の里美さんの笑顔。温もりあふれる和食店だ。 M

メニュー
お昼のお食事　3780円〜
夜のお食事　い 5250円／ろ 6300円

☎ **0422-54-5580**
定 火曜（不定休あり）
席 テーブル14席
禁煙
P なし

住 武蔵野市中町1-23-13　ルネスコパン1F
JR中央線三鷹駅北口徒歩5分

営 12：00〜15：00（要予約）、18：00〜23：00（21：00 LO）

ようこそ、多摩へ。 産地ある感激あふれるフレンチを

H. Akamatsu《アッシュ アカマツ》

武蔵野市 ●フレンチ

より産地の近くへ移転したいと、都心から2010年に武蔵野市へ。地域の商店街で根を下ろした。

元来、肉や魚をよりおいしくするために野菜と果物をたくさん使う料理を好むオーナーシェフ・赤松英毅さん、美幸さん夫妻。「引っ越して来てすぐに畑をめぐったらブドウや苺もあって、どれもおいしくて」。写真は、シェフの故郷・徳島県から届く肉厚で大きい玉ねぎをどう料理しようかと試作を重ね1988年に誕生した、冷たくて色白の「玉ねぎのスープ」。とりこになる人が多く、今ではスープは一年中これ1種のみ。

番茶の「相生晩茶」と、美幸さんの故郷、青森県の食用菊をチョイスしたお茶は、食後にすっとさわやか。 M

メニュー
Dinner Menu A　4200円
（アミューズ・オードブル・お魚料理またはお肉料理・小さなデザート・デザート・コーヒー）
ランチ　2200円〜

☎ **0422-31-1432**
定 水、第2火曜
席 テーブル8席　個室テーブル6席
禁煙
P なし

住 武蔵野市境南町4-22-7
JR中央線武蔵境駅南口徒歩14分
JR中央線東小金井駅南口徒歩13分

営 12:00〜14:00、18:00〜21:00

持ち帰り専用の
「折詰弁当」2520円
（2日前までに要予約、4個〜）

「玉ねぎのスープ」
（6300円〜のコースメニューで
選ぶことができる）

食材に絶対の自信あり。地元に愛される中国料理

中国料理 Dragon《ドラゴン》

三鷹市 ●中華

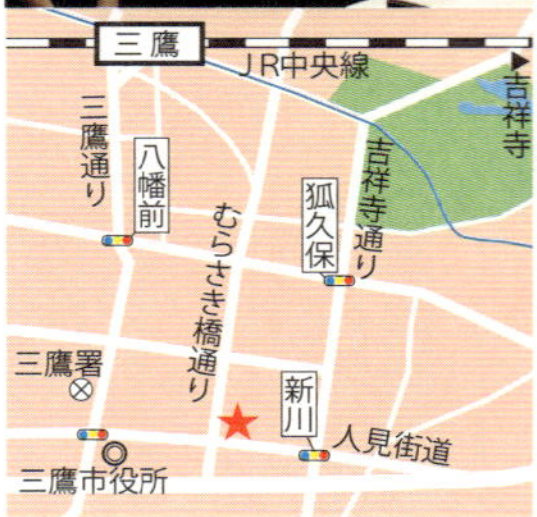

アジアの食材に魅了され、食材を扱う仕事をしてきた梶木さん夫妻が、上海出身の料理人と力を合わせている。「店はお客様への思いが大切、料理は食材が大切」と言い切る梶木さんの基準は厳しく、都心の高級店にも引けを取らない。とくに海鮮は、濃厚な旨味のホタテや、お値打ちのフカヒレが自慢。油も吟味し、食材に合わせサラダ油やオリーブオイルを使い分ける。

わっ、と驚きの大きな海老。上品な甘さでぷりっぷりっ。ほどよい辛さのチリソースはさらりと軽く、このさらり感が新鮮かつ健康的だ。三鷹市産野菜や流行の食材を使う季節のおすすめは、創作度が高く、中国料理の枠にとらわれないドラゴン流を楽しめる。M

メニュー
コース料理 3000円～
コラーゲンたっぷりフカヒレの姿煮 5000円

☎ **0422-76-6272**
定 不定休
席 テーブル64席
煙 禁煙（平日ディナータイムは分煙）
P あり

住 三鷹市新川6-33-12
JR中央線吉祥寺駅・三鷹駅南口からバスで「三鷹農協前」下車すぐ

営 11：30～14：30（14：00 LO）、17：00～22：00（21：30 LO）

風の散歩道で出合う、目を閉じると畑や海の風景が浮かぶ料理

ESSENCE《エサンス》

三鷹市 ●フレンチ

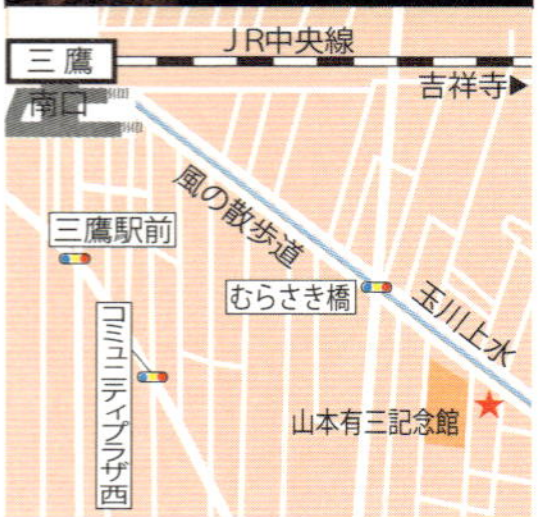

玉川上水沿いをジブリ美術館へ向かう途中、山本有三記念館に隣接するフランス料理店。

「蟹を使った料理なら、蟹の形はなくても、そのまま蟹を食べているような」と自身の料理を、言葉を選ぶようにそう表現するオーナーシェフの内藤史朗さん。まずは口の中で、そして余韻の後も記憶の中で素材の輪郭が鮮明に残る。そんなシェフの気持ちが最もよく伝わるメニューが、6月から8月にかけて登場する「ガスパチョ」。福島県出身で、おやつにも食べていた大好きな野菜、トマトとキュウリを使うスペシャリテ。自由で豊かな表現のパンチ、料理っておもしろいと心底感じさせてくれる。

すぐ近くにある姉妹店、「シンプリーフレンチ」は少しカジュアル。M

メニュー
お昼のコース 3000円／4500円／6000円
夜のコース 5000円／6500円／8000円

☎ **0422-26-9164**
定 月曜
席 テーブル14席　個室12席
煙 禁煙
P なし

住 三鷹市下連雀2-12-29　2F
JR中央線三鷹駅南口徒歩10分

営 11：30～14：00、18：00～21：00

「帆立とブロッコリーの蟹肉あんかけ」中皿1600円（小皿1120円）、「本格上海風海老チリソース」　中皿1960円（小皿1420円）

ある日のデザート「クリームブリュレ」（コースの一例）は有田焼の皿で。バニラ、ピスタチオ、紅茶、ローズの４つの味の違いを満喫。

ひとりでも大勢でも。魚自慢の気さくでひろ～い割烹

割烹《かっぽう》 すなお

三鷹市 ●和食

カラッと揚がった天ぷら盛り合わせの中に、小さなたらの芽。ほろ苦い出はじめを頬張りながら、春に思いを馳せる会席料理。そんなハレの膳を囲む家族の集い、仕事や趣味の仲間との宴会に訪ねたい割烹料理店だ。

「ここに来ればおいしい魚がある」と常連の皆さんは口を揃える。「魚が自慢です」と店を切り盛りする清水直樹さん、母の英子さん、妻の美希子さんが胸を張る。それもそのはず、割烹を開く前までは、この場所で3代続いた魚屋だったのだ。元魚屋の名に恥じない味と活きのよさ、あっと驚く価格が信頼と親しみを築いている。人見街道にあり「バスから見て気になって」と訪ねる人も…と書くと、心当たりのある店構えが浮かぶ人もいるのでは。 M

メニュー
ランチより 刺身定食 1260円
松花堂弁当 3150円
（2～3日前までに要予約 2名～）

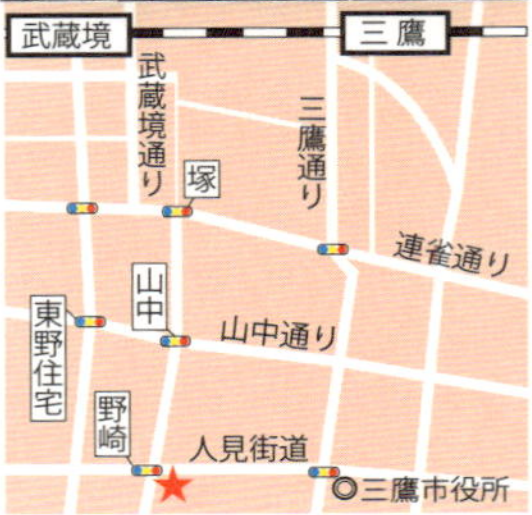

☎ **0422-79-3568**
定 水、第3火曜
席 カウンター６席　お座敷50席
喫煙可
P あり

住 三鷹市野崎1-22-17　アヴェニールMITAKA-1F
JR中央線三鷹駅南口からバスで「野崎交差点」下車すぐ

営 12：00～14：00、18：00～22：00

定番は麻婆豆腐！ 鉄人の系統を持つ本格的四川の味

芙蓉菜館《ふようさいかん》

三鷹市 ●中華

三国志でよく知られる、劉備玄徳が四川州を都に建てた「芙蓉城」に由来する店名。何度も現地に足を運び、本場の料理を学んだご主人の四川料理に対する思いは熱い。調味料はほとんど自家製で、さまざまなスパイスを巧みに操る。

一番人気は四川の本格的な味を楽しめる「陳麻婆豆腐」。赤黒い見た目とともに鼻を突きぬける強い香り、順を追ってしびれる辛さが舌を踊らせる。

そのほかスープなしの「成都担々麺（577円）」は黒酢や中国醤油、芝麻醤や花椒など中国の香辛料をほどよく合わせたタレが入り、麺をよく混ぜて食べる。通常の半量の麺なので最後に少し食べたいという方にもおすすめ。 Y

メニュー
「宮保鶏丁」鶏肉とピーナッツ甘酢唐辛子炒め 1575円

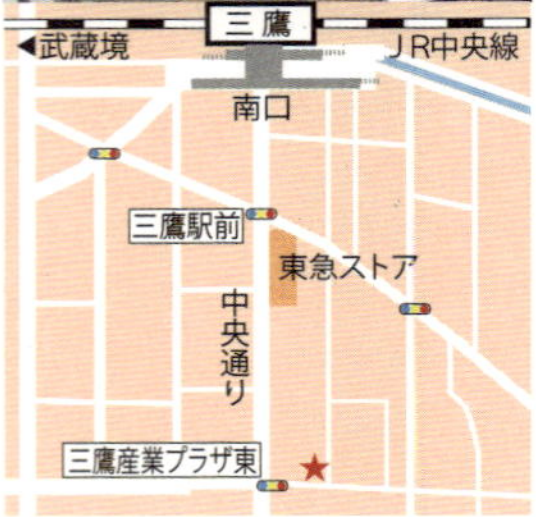

☎ **0422-79-4977**
定 水、第1・3火曜の夜
席 テーブル33席
禁煙
P なし（近くにコインパーキングあり、5000円につき1時間、最長2時間まで駐車券配布）

住 三鷹市下連雀3-29-4　大蔵ビル1F
JR中央線三鷹駅南口徒歩7分

営 11：30～15：00（14：15 LO）、17：30～22：00（21：00 LO）

「会席料理」(前菜7品、お刺身、焼き物、煮物、ご飯＜うに、いくら、しらす＞みそ汁、デザート) 4200円

「陳麻婆豆腐」葉ニンニク入り本格マーボー豆腐　1575円

シードルと一緒に味わいたい、普段着の仏家庭料理

TAVERNE《タベルネ》

三鷹市 ●フレンチ

小上がりの座敷があるビストロを作りたかったと、仏ブルターニュの星付きレストランで修業した経歴を持つオーナーシェフの上妻弘隆さん。白塗りの壁板が明るい店内には、カウンター席とテーブル席のほか、フレンチにはめずらしく10人までの小上がりがある。大人数や子ども連れでも、くつろぎながら食事ができる。

素材の味を活かし、大胆な中にも繊細さあふれる料理の代表格は「南仏風牛肉と野菜の蒸し煮」。牛モモ肉とバラ肉を野菜の水分だけでくたくたになるまで時間をかけて煮込んでいる。

しっとりとして旨味がつまっている自家製ソーセージと肉のテリーヌも、定番の人気だ。鴨や鹿を自らさばいて調理することもある上妻シェフ。その手にかかると、素材も新鮮な驚きを与える一皿に生まれ変わる。C

メニュー

- 南仏風牛肉と野菜の蒸し煮　1500円
- 南伊豆直送の鮮魚料理　1000円〜
- 産直無農薬野菜料理　500円〜

☎ **0422-49-5751**

住 三鷹市下連雀3-16-17　三鷹オリエントプラザ1F
JR中央線三鷹駅南口徒歩4分

営 12:00〜14:00、18:00〜22:00
定 日曜
席 カウンター5席　テーブル10席　小上がり10席
禁煙（貸切時は喫煙可）
P なし

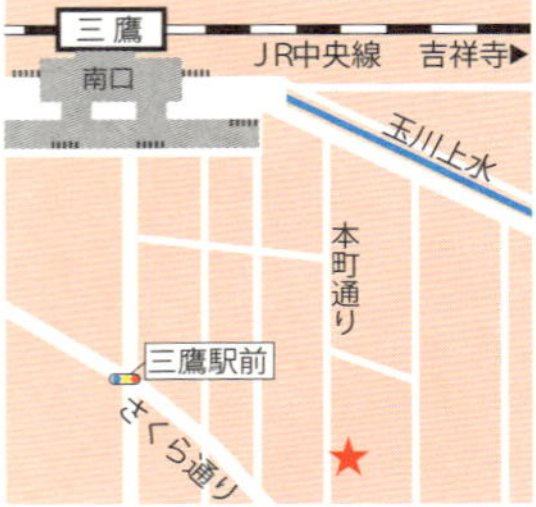

手前から時計回りに:「自家製ソーセージ」大950円、
「リヨン風　肉のテリーヌ」850円、
「オリジナルパン」300円、
「白菜と長ネギのポタージュ」500円

ビールやブルゴーニュワインと、ドイツの岩塩で食べる米沢牛

黒べこ屋

小金井市 ●焼肉

豊かな自然が育む歴史ある米沢牛を、韓国風のようにタレに漬け込まず、塩・こしょうでシンプルに焼いて味わう。肉の味を、真正面から体験できる焼肉店。

口の中でとろけゆく甘い肉の旨味を、ドイツ産の岩塩がぐぐっと引き立てる。ジュワッとあふれる脂は見えないが、透き通っているのがわかるきれいな後味だ。ホルモンも黒毛和牛の生のみを使い、塩・こしょうとオリーブオイルのみの下味。「上質な素材なら、よけいな味付けはまったくいらないですね」と店長の渡辺勝輝さん。自信みなぎるその言葉、たったひと切れで十二分に納得させられる。

地元で人気のハム・ソーセージの「ケーニッヒ」系列で、ウッディな店内はドイツのビアレストランのよう。M

メニュー
米沢牛すじカレー　１０５０円
コース　６３００円〜

☎ 042-385-8929
定 火曜
席 テーブル20席
煙 喫煙可
P なし

住 小金井市本町1-18-15
JR中央線武蔵小金井駅南口徒歩1分

営 11:00〜22:00（11:00〜ハム・ソーセージの販売有）

江戸東京野菜の宝庫！ フレンチをベースにした新しい洋食

新西洋料理 ヴァン・ド・リュ

小金井市 ●洋食

１９８８年にオープン。洋食屋の定番メニューといえば海老フライやオムライスだが、ヴァン・ド・リュのメニューは一味違う。

１９９５年から江戸東京野菜をふんだんに取り入れた料理をスタート。ほとんどの野菜が小金井市産で、生産者の顔がわかるもの。シェフ自身も農家へ足を運び、野菜の味を確かめ、それぞれの素材を活かしながら調理をしている。

ふと目に留まる「夜ランチ」という一風変わったネーミング。「夜でもランチが食べたい」という仕事帰りのサラリーマンの声から生まれたメニュー。今では一度に7〜8種類の旬の野菜が食べられると若い女性に人気が高い。地産地消と健康をテーマに四季の移ろいを味わえる洋食屋だ。Y

メニュー
イワシのバルサミコ風味　８４０円

☎ 042-383-4908
定 火曜
席 カウンター 10席
煙 禁煙
P なし

住 小金井市本町2-6-10　シティ・ライブ武蔵小金井1F
JR中央線武蔵小金井駅北口徒歩5分

営 12:00〜14:00、18:00〜22:00

「米沢牛」(350g／2～3名様で)
8400円、右からカルビ、ハラミ、ロース、中央がイチボ。「季節の焼き野菜」840円、「自家製ソーセージ6種」1050円、「ドイツビール」650円～、「ブルゴーニュのワイン」3900円～

「夜ランチ」 鶏胸肉のソテー黒酢風
(パン or ごはん、自家製ケーキ、コーヒー) 1050円

おもてなしがぴかりと光る、50年以上続く老舗

真澄《ますみ》

小金井市 ●日本料理

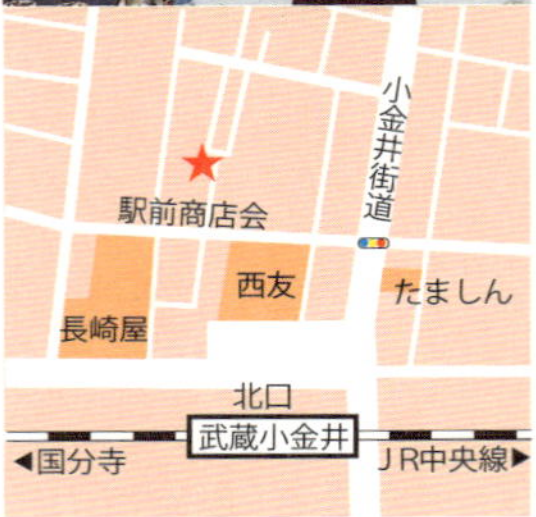

地域とのつながりを大切に、小金井市産の伝統野菜を使ったメニューもあり、日本料理のシンプルな美が表現されている。基本がしっかりしながら、現代風にアレンジした日本料理やその日に仕入れた旬の食材でレシピを考えているという。

1階にはカウンターと小上がりがあり、料理は単品から注文できる。2階には、50名まで入る大広間が。会席料理とともに宴会もできる。帰り際に集合写真を撮ってくれる心細やかなサービスも、集いの席にはありがたい。

一味違う接客を目指す心意気に、長年にわたり愛され続ける理由がある。Y

メニュー

ランチ
日替わり定食（7品付き） 1000円
真澄弁当 2100円
馬刺し 1200円

☎ **042-381-2770**
定 日曜（予約時は営業）
席 全80席　宴会5名〜50名まで可
喫 喫煙可
P なし（近くにコインパークあり）
住 小金井市本町5-18-5
JR中央線武蔵小金井駅北口徒歩3分
営 11:30〜13:30、17:00〜23:00（22:30 LO）

白い皿に彩られた鮮やかな料理は、印象派の絵画のよう

Dans l'assiette《ダン・ラシエットゥ》

国分寺市 ●フレンチ

見えそうで見えないキッチンから聞こえてくる音。どんな料理が出てくるのだろう？ 待っている時間がとても楽しく感じられる。

シェフの福島さんは「フランス料理の見た目に惚れた」という。見ただけでは想像できない味にも魅了され、フランス料理の道へ入った。白い皿を彩る野菜は、鎌倉や群馬から毎朝届く新鮮な有機栽培のものを使用。まだ土の香りが残るしゃきっとした野菜は、ほろ苦く青々とした濃い味がする。

安心して食べてもらえるようにと、なるべくシンプルな味付けを心がけ、リーズナブルをモットーに料理を作っているそう。お皿の上の芸術を、目で見て舌で感じながら味わえる。Y

メニュー

ディナーB（オードブル・スープ・メイン・デザート） 3360円
＊すべてにお食事前のアミューズ、自家製パン付き

☎ **042-328-1166**
定 水曜（貸切時には営業の場合あり）
席 テーブル18席（パーティー時は最大22席）
喫 禁煙
P なし
住 国分寺市南町3-4-11　ハイネス国分寺ルミエール1F
JR国分寺駅南口徒歩4分
営 11:30〜15:00（14:00 LO）、18:00〜22:30（21:00 LO）

「【真澄】オリジナル
若鶏のから揚げ」700円

「ディナーA」(オードブル、メイン、デザート) 2940円よりオードブル：野菜とサーモンのゼリー寄せ、メイン：鴨のローストはちみつと赤ワインビネガーの甘酢っぱいソース(＋840円)、デザート：木いちごのパルフェ(＋320円)、
コーヒー(＋400円)

ラフな感じでワインと一緒に楽しむ、一軒家レストラン

西洋家庭料理 Maison de TABASA《メゾン・ド・タバサ》　国分寺市 ●西洋料理

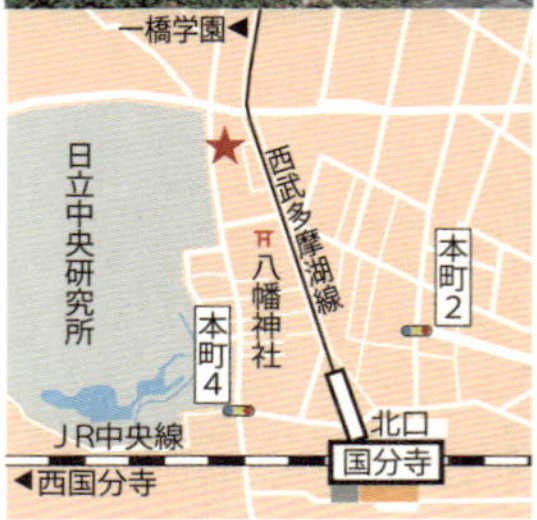

独自のレシピの中から、天候を意識した食材で、作られる料理たち。手作りのソースたちが、ナチュラルに料理へ溶け込んでいる。3週間かけてじっくり煮込まれる香ばしくコクのあるデミグラスソースは、「仔羊のローストマスタード風味」のようにメイン料理の友となったり隠し味に使われたりと、この店の重責を果たしている。

そして、おすすめが2名様用の取り分けコース。カップルや夫婦、友だち同士で料理をシェアしながら充分に堪能できる。3名様用のおまかせコースもあり、アラカルトも充実している。

ホスピタリティあふれるおもてなしにも、きめ細やかな気配りが感じられる。貸切もOKなので、特別な集まりなどに安心して利用できる。Y

メニュー
ランチ　1600円～
ディナーコース　3150円～
＊10歳未満の子どもは来店不可。貸切時はOK

☎ **042-326-4450**　＊要問い合わせ・要予約
定 月曜（変更あり）
席 テーブル18席　貸し切り26名くらいまで・個室6名様～
禁煙（貸切時は喫煙可）
P あり（小型車のみ）

住 国分寺市本町4-25-4
JR国分寺駅北口徒歩8分

営 12:00～14:00
カフェタイム14:00～16:00
18:00～22:30（21:30 LO）

じんわりとおいしさが伝わってくる、小さなビストロ

欧風料理 KAI《カイ》　国分寺市 ●フレンチ

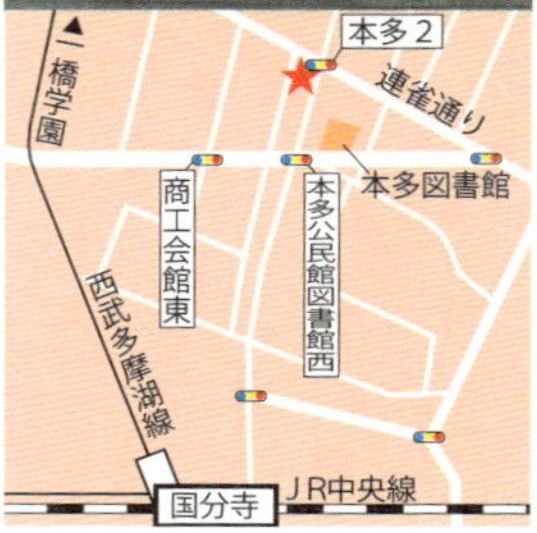

クロアチアやルクセンブルグの大使館で働いた経験を持つご主人。ひとりで切り盛りする店内は「お客様と同じ目線に立てるように」と、ハイカウンターを設置している。

フランス料理が主体だが、自家製パスタなどジャンルを特定せずに欧風料理が楽しめる。パンやデザート、アイスやシャーベットに至るまで、すべてが手作り。メイン料理では、付け合わせにも彩りのほか食感、バランスを考えるなどの徹底ぶり。味付けのスパイスやソースには、欧風でありながらも日本人らしい繊細さが感じられる。

異文化を学んできたご主人の丹精込めた愛情を感じる料理を食べると、気持ちがほっとゆるんでしまう。Y

メニュー
夜のメニュー 三種もりあわせ　1300円
日替わり自家製パスタ　1000円
夜のコース料理　3000円～

☎ **042-325-6695**
定 火曜
席 カウンター7席　テーブル2席
禁煙
P なし

住 国分寺市本多2-16-18
JR国分寺駅北口徒歩8分

営 11:30～14:30（14:00 LO）、18:00～22:30（21:00 LO）

「仔羊のロースト
マスタード風味」2100円

ディナーメニュー「本日の鮮魚料理」1700円

野菜のムースのような、ふんわりやさしい空間

Bon Mariage《ボン・マリアージュ》

国分寺市 ●フレンチ

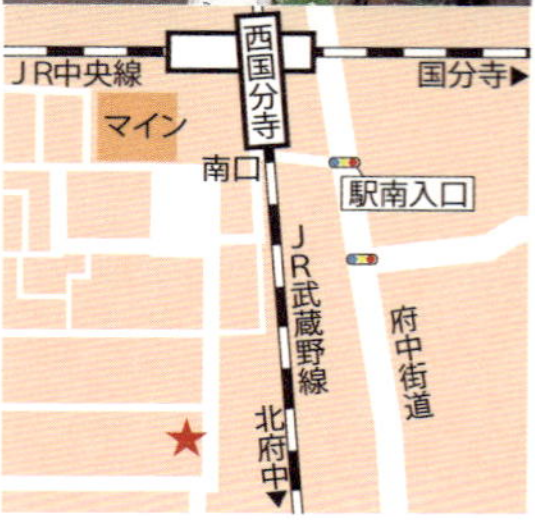

桶に盛られた野菜が、元気あふれる姿で迎えてくれるレストラン。直送で届く野菜の産地は福島、群馬県などさまざま。「産地それぞれの大地の味がして、届くたびにわくわくします」。

そのわくわくを、オーナーシェフの土山秀志さんは繊細にお皿の上で表現している。たとえば魚料理のソース。春はキャベツ、夏はキュウリやトマト、秋はパプリカなどが魚の味を引き立てて、主役と野菜のマリアージュ（良い組み合わせ）を季節ごとに楽しめる。いったい何種類の野菜を使っているの？ デザートを眺めて、これも野菜？ わくわくは、私たちにも移ってしまう。

ワインは、野菜料理と相性がいい白の甲州を。シェフ自らワイナリーも訪ね、惚れ込んで揃えている。M

メニュー
ランチコース 1575円
ディナーコースA 3675円

☎ 042-301-7007
定 火曜
席 カウンター6席　テーブル35席（個室15席）
禁煙
P あり

住 国分寺市泉町3-26-27　切塚ビル1F
JR西国分寺駅南口徒歩4分
営 11:30〜14:00、17:00〜21:00

「どうぞ、ごゆっくり」和を忍ばせるなごみのフレンチ

木乃花《このはな》　国立《くにたち》

国分寺市 ●フレンチ

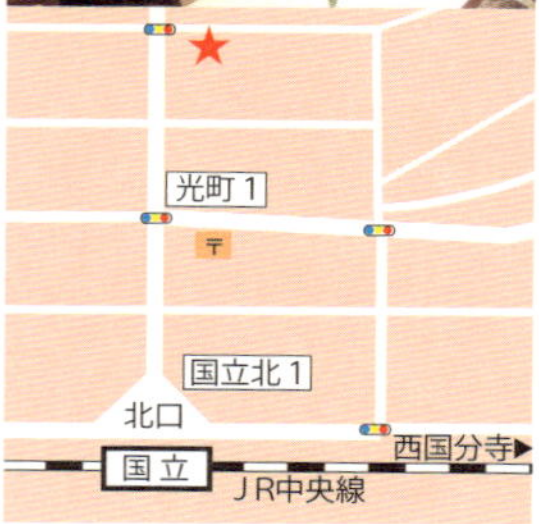

昼は日差しが心地よく、夜は軽やかな上品さを醸し出す洋風の店内。そのテーブルには御膳が置かれ、箸とカトラリーが並べられている。

この店は、箸でコース料理が堪能できるフレンチ懐石だ。堅苦しいイメージがつきまとうフランス料理だが、その空間に日本の食文化を少し取り入れ、馴染みやすさを演出している。

仕込みからデザートまで、ひとりで料理を担当するのは、オーナーシェフの高橋弘典さん。一つひとつに親しみが感じられる。そしてフロアを仕切る川鍋英夫さんの丁寧なおもてなし。くつろぎながらゆったりと食事を楽しめる、和魂洋才のレストラン。Y

メニュー
昼のみ　ランチプレート（パン付） 1000円
昼夜共通　さくや姫 3000円
（先付け・前菜盛り合わせ・本日のスープ・魚料理または肉料理・お食事・デザート・珈琲または紅茶、ハーブティー・アンコールデザート）　＊夜はサービス料5％

☎ 042-574-0171
定 火曜
席 テーブル26席
禁煙
P なし

住 国分寺市光町1-39-21　マーキュリーマンション2F
JR中央線国立駅北口徒歩5分
営 11:30〜15:00（14:00 LO）、17:30〜22:00（21:00 LO）

ランチより「ボン・マリアージュコース」2625円。オードブル（ズワイガニとフロマージュブランのリエット香草の香り・安納芋と木の子のやわらかキッシュ・いわしとジャガイモのテリーヌ）、カブのムース、沖縄琉球豚と南仏野菜のバスク風煮込み、デザート（マロンのロールケーキ・セロリとヨーグルトのソルベ・安納芋のトリュフ・人参のケーキ）

「四季」6000円

ヨシさんが作る豊かな野菜料理が「ヨシベジ」！

Vege a Table《ベジアターブル》 CAFE TOPINAMBOUR《カフェトピナンブール》 国立市 ●野菜料理

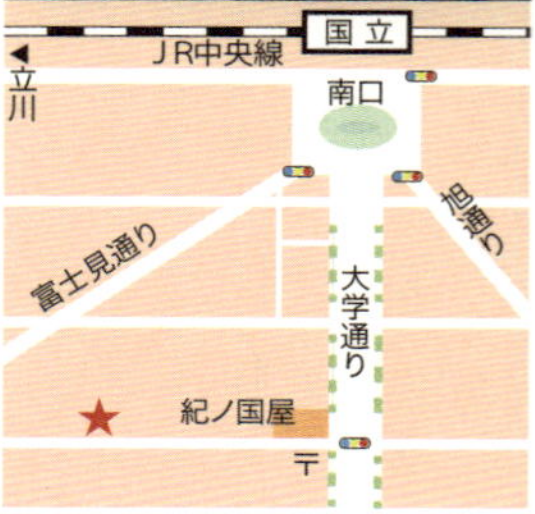

国立市の富士見台で「樫の木食堂」を開いていたヨシさんが、駅近くの一軒家にお引っ越し。畳の部屋とフローリングの部屋がつながったポカポカ空間は、お尻に根が生えて困ります、の居心地だ。

武蔵村山市の「ひるま農園」、立川市の「宮野のやさい」などから届く野菜を、ヨシさんがひらめきマジックちちんぷい。見ても食べてもドキッとして、元気百倍になる「ヨシベジ」に。日々の食事だけでなく、ハレの日のパーティーも野菜でスペシャルな食卓をかなえてくれる。自然の色や食感のリズム、組み合わせの妙などを体感すると、野菜ってすごいと思わずにはいられない。

一度で覚えられない楽しい店名は、店先の看板に描かれた、黄色い花を咲かせる野菜名から。なーんだ!? M

メニュー
ヨシベジ定食　1200円
TOFUキッシュプレート　1200円

☎ 042-505-6837
定 月・火曜
席 テーブル12席　お座敷10席　貸切の場合は25名まで対応可
禁煙
P なし（近くにコインパークあり）

住 国立市中1-16-12
JR中央線国立駅南口徒歩6分

営 11:30〜19:00（18:00 LO）
金土11:30〜21:00（20:00 LO）

最高の気まぐれ仏田舎料理を、アンティークな台所道具に囲まれて

MK《エムケー》キッチン 国立市 ●フレンチ

道行く人が「花屋さん？」と訊ねるくらい草花あふれるエントランス。出版社勤務から料理の世界に飛び込んだ加藤光子さんが、30年暮らした長野県八ヶ岳の山を降りて、生まれ育った国立で開いた。店というよりも、プライベートなダイニングキッチンのよう。レストランとしてだけではなく、料理教室、小さなパーティーの会場にもなる不思議な空間だ。主なる料理はフランスの田舎の家庭料理。素朴ながらたった1品で食卓が賑わうごちそうで、普段はコース料理で提供する。ペンション経営、本や雑誌の執筆など幅広い活躍の中で生まれたレシピには、山の暮らしで見つけた大らかなスパイスがたっぷり。キッチンからは、今日もおいしい笑い声がもれ聞こえて来る。M

メニュー
気まぐれランチ　2000円前後
（価格は予約の際に確認を）

☎ 042-574-5180
定 不定休
席 カウンター4席　テーブル16席　テラス5席
禁煙
P なし

住 国立市東1-14-22　ハイム114-1F
JR中央線国立駅南口徒歩4分

営 12:00〜14:00、17:30〜22:00
＊いずれも2人以上〜、2日前までに要予約

パーティーメニュー3500円より手前から「ルッコラと蓮根の玄米リゾット」「前菜の盛り合わせ」「きゃべつとコーンのスープ」「季節のダッチオーブンsoyマヨネーズパン粉焼き」

シェアしていただくある日のパーティーメニュー（1人5000円）の一部
「プロヴァンス風タルト」「ポワロー オグラタン」

アトリエのような一軒家レストランで、ヘルシー仏料理を

ギャラリーレストラン 北川

国立市 ●フレンチ

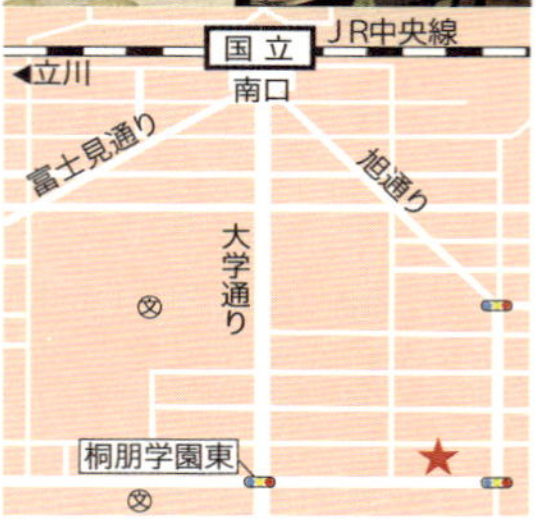

住宅街の通りから緑萌ゆアプローチを抜けて、重厚な木造りの扉に辿り着く。バンダナを巻いたオーナーシェフ・北川洋一郎さんがにこやかに迎えてくれる。

メニューに並んだカロリー表記に、おや？「食事制限がある人もない人も同じように楽しんでいただきたくて」と、開店当初からヘルシー感覚を意識してきた。ポイントはずばり「調理方法とソースです」。バターなどの油分を控え、ドレッシングにレモン、トマトソースにゆずを使い塩分ダウン。毎朝、あきる野市の自家菜園で採れる野菜は「蒸す」が最良の調理方法。おいしくてヘルシー、の一石二鳥。

この店は以前、肖像画家の父・正さんのアトリエであったという。作品を鑑賞しながら食事ができる。[M]

メニュー

コース　2700円～5700円

☎ **042-580-2227**

[定] 火曜（予約は可）
[席] テーブル25席　立食パーティー30名
禁煙
[P] あり

[住] 国立市東2-27-10
JR中央線国立駅南口徒歩13分

[営] 12:00～22:00

立派な欅のカウンター席から離れ個室まで。国立の奥座敷で集う

一汁三菜《いちじゅうさんさい》 うさぎ屋

国立市 ●和食

藍染め暖簾と格子戸の向こうは、たちまち大和撫子になれそうなしっとり静かな佇まい。どの席からも眺められる庭、あちらこちらに飾られた草花、時間をかけて味わう懐石料理、そのすべての表情において日本の四季が主役となっている。「気取りなく、最低限のおもてなしである一汁三菜の心を大切にしています」と店主の伊藤法雨《みのり》さん。過度にならないごちそうを心がけるが、「驚いていただくとうれしくて、つい」。取りまわし大皿で運ばれる「八寸」「焼肴」に、歓声が上がらないはずがない。

料理長の中尾明彦さんが作り出すやさしさあふれる料理に合わせたい日本酒は、「地酒の小山商店」より。東京では見かけない選りすぐりが揃う。[M]

メニュー

お昼のコース（平日のみ／7品）　2500円
夕食　雪（8品）　4500円
　　　月（10品）　6000円
＊サービス料別途

☎ **042-580-3622**

[定] 月曜
[席] カウンター11席　テーブル8席
個室12席　離れ4部屋（4～14名）
禁煙（個室は一部喫煙可）
[P] あり

[住] 国立市富士見台1-26-5
JR南武線谷保駅徒歩4分
JR中央線国立駅南口からバスで「第一団地」下車徒歩3分

[営] 11:30～15:00（14:00 LO）、17:30～22:00（20:00 LO）
日祝11:30～15:00（14:00 LO）、17:30～21:00（19:00 LO）

「ヘルシーコース」（オードブル、赤かぶのスープ、牛フィレ肉のステーキ粒マスタードソース、パン、デザート盛り合わせ、 コーヒー）2700円

お昼の気軽な懐石料理コース「雪うさぎ」4500円より八寸（琥珀寄せ・京人参カステラ・穴子鳴門揚げ・蕗のとう白和え・小鯛桜葉寿司）、焼肴（焼筍）、蒸物（百合根万頭　銀庵　玉味噌　蕗のとう）、煮物（ふろふき大根　ゆずみそ）、おぼろ豆腐ほか

生産地の景色が思い浮かぶ、心がつながるイタリアン

In《イン》 Camera《カメラ》 CONTERRAZZA《コンテラッツァ》

立川市 ●イタリアン

「今ある野菜をすべて使いました」と浜崎隆シェフ。思わず息をのむ「野菜だけの前菜」、ハートをギュッとされて、料理に、お店に、恋をする瞬間。

開店にあたり食材探しの旅に出かけ、佐渡島で出会った漁師さんの魚や熊本の無肥料・無農薬に取り組む農家さんの野菜など、届くものすべてが浜崎さんのハートをくすぐった食材だ。

日本の食材、日本人シェフ、日本人が食べるのなら日本のワインもいいでしょうと、リストの3分の1は国産。マネージャーの伊藝貴樹さんは「質の高いものが眠っています」とワイナリーとの交流にも積極的だ。

キッチンを囲む部屋のような店内は、どの席もシェフズテーブル。生産者、そしてスタッフの皆さんと私たちがつながる場所。 M

メニュー

ランチコース　3500円
ディナーコース　6000円／8000円／10000円
70種あるグラスワイン　600円～

☎ **042-548-9848**

住 立川市柴崎町3-7-14　植源 BLD 2F
JR立川駅南口徒歩3分

営 12:00～15:00(13:00LO)、17:30～23:30(22:30LO)
＊ランチは水、木、土、日(第4除く)のみ
定 月曜
席 カウンター8席　テーブル10席
喫煙可
P なし

ランチコース3500円より
「野菜だけの前菜」

優雅な西洋料理×ダイナミック鉄板焼きで特別な日の食事を

GRILL RESTAURANT《グリル レストラン》 気味合《きみあい》

立川市 ●西洋鉄板焼き

カウンターに座れば、目の前の鉄板は厚さ20ミリ。ピカピカに手入れされ、シルバー色に輝いている。見とれてしまうリズミカルなナイフ使い、火が入り変化する食材の色、焦げ目が付きゆく音、ゆらゆらと立つ香り。このライブ感を味わえるのが、鉄板焼きの醍醐味だ。

料理長の濱家基義さんは、仏・伊料理の経験を生かした鉄板焼き料理を打ち出していて、コースはフレンチの流れ。メイン料理が鉄板焼きとなる。

鉄板から離れたテーブル席、静かな個室もある。さまざまなシーンで使い分けOKの間口の広さ、肩肘張らず和やかに過ごせる自然体のサービスもうれしい。「路地裏に名店あり」。ここ立川でもその台詞、ぴたりと当てはまる。ランチは、平日でも予約がベスト。M

メニュー

気味合ランチ弁当(限定20食) 1680円
ディナーコースA 6300円
*ディナーのみサービス料別途5%

☎ **042-512-8080**

定 日曜
席 カウンター9席　テーブル14席　個室12席
禁煙(個室のみ喫煙可)
P なし

住 立川市曙町2-14-10　エトロワ1F
JR立川駅北口徒歩3分

営 11:30～15:00(14:00 LO)
17:00～23:00(21:30 LO)

おしゃべりも「ごちそう」、ホテルのリーズナブルランチ

カフェ&レストラン Café de Paris《カフェドパリ》

立川市 ●欧風料理

看板メニューは、開店時からランチ終了まで長居大歓迎の、その名も「おしゃべりランチ」。着席したら読むだけで5分ほどかかりそうなメニューを開けて、何選ぶ⁉ のおしゃべりで幕が上がる。

コースに含まれる緑シャキシャキのサラダバーは、すべて立川市産の朝採れ野菜。JAの直売所「みどりっ子立川店」で山本卓典シェフ自ら仕入れている。魚・肉料理とデザートはそれぞれ数種類から自由にチョイスできる。奥多摩ヤマメのポワレ、「東京X」を使用した料理、東京烏骨鶏の卵で作るブリュレなど、愛すべき東京で生まれる食材が勢揃いする。都の「とうきょう特産食材使用店」に登録もして、多摩の魅力アピールに一役。M

メニュー

ランチ「おしゃべりコース」
ライトコース 1800円
フルコース 2700円

☎ **042-548-4111**(代表)

定 無休
席 カウンター8席　テーブル32席　テラス12席
禁煙(テラス席のみ喫煙可)
P なし

住 立川市柴崎町3-7-16　立川ワシントンホテル3F
JR立川駅南口徒歩3分

営 モーニング　6:30～10:00
ランチ　11:30～15:00(14:30 LO)
ディナー　18:00～21:00(20:30 LO)

アラカルトより「オホーツク産帆立貝」
1580円

プリフィクスコースの「おしゃべりランチ」フルコース2700円より
オードブル「田舎風パテドカンパーニュ」、魚料理「スズキのパイ包み ソースショロン」、東京都産黒毛和牛「秋川牛」と幻の豚「東京X」のハンバーグステーキ（＋300円にて）、自家製パン、デザート「東京産ブルーベリーのシフォンケーキ」、スープ、コーヒー

ジャズが流れる空間で、季節を伝える品格ある日本料理を

陣《じん》や

立川市　●和食

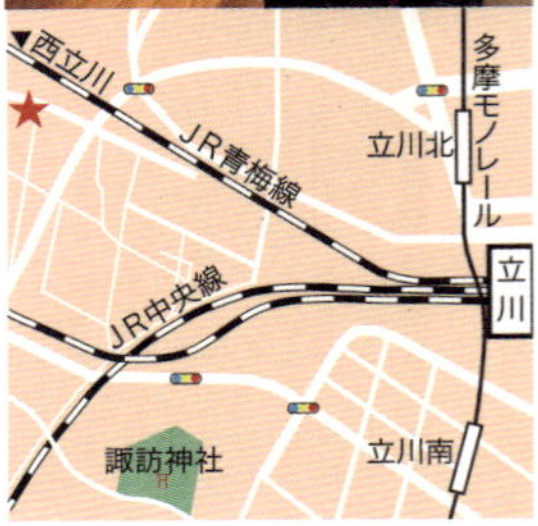

　昭和記念公園が近いビル地階、エレベーターが開くとそこが玄関。清らかに打ち水がほどこされて、旅先の旅館を訪ねるような心地になる。茶懐石の出張もおこなう寺本雅彦さんの料理を味わえる名店だ。

　客席から厨房は見えないが、寺本さんがカウンターに立つ場面がある。「お造り」を仕上げるときだ。旬の魚に包丁を当てるその一瞬を目の当たりにすると、背筋が伸びるよう。静かに流れるジャズにわさびをおろす軽快な音が重なると、間もなく極上の「お造り」が妻・由美子さんの手によって運ばれる。2人のあうんの呼吸にも、終始ほれぼれしてしまう。貸切りなどの場合があるので、立川駅に着いたら「これから行きます」のお電話を。Ⓜ

メニュー
夜雅コース4200円／龍コース5250円
彦コース6830円

☎ **042-522-4020**
定　水曜
席　カウンター6席　テーブル8席　お座敷20席
喫　喫煙可
P　あり

住　立川市富士見町2-13-19　富士見町ビルB1F
JR立川駅北口徒歩12分

営　11：30〜14：00、17：00〜22：00

がっつり肉系料理で、ワイン三昧バンザーイ！

鉄板Dinning《ダイニング》 Restaurant《レストラン》 Archange《アルカンジュ》

立川市　●鉄板料理

　「お肉の味を楽しんでいただくハンバーグです」と大きな鉄板前に立つ、田中智明シェフ。朝挽きの霜降り和牛にほんの少し玉ねぎを加えただけの、卵などつなぎを一切使わないハンバーグステーキが看板メニューだ。秘伝の練り方、チチンプイッとおまじないをかけるような成形の技が、これまでに食べたハンバーグの印象とはまったく違うものに仕上げていく。厚さベストな鉄板は、火の入り方がやさしい。外はパリッ、中は肉の旨味がじゅわあっと封じ込められている。

　フランス料理歴30年以上のシェフが織りなすソースは、ハニーマスタード、トマトなど肉の味を邪魔しないやさしい味。全種類制覇しなくっちゃ。Ⓜ

メニュー
ポークロースペッパーステーキ　1080円
ランチメニューはすべて1000円
＊小サラダ・パンまたはライス・ドリンク付き
（11時半〜15時）

☎ **042-528-2904**
定　無休
席　カウンター6席　テーブル46席　テラス20席
喫　喫煙可
P　あり

住　立川市羽衣町3-16-15
JR南武線西国立駅徒歩5分
JR立川駅南口徒歩15分

営　11：30〜22：00

お昼の献立より「陣や弁当」
（前菜の盛り合せ、鉢物、揚物、お造り、ご飯、みそ汁、香物、デザート）2630円

「霜降りハンバーグステーキ」
（ガーリックホワイトソース・180g）1180円

スパイス&ベリーダンスでエキゾチックな世界へ小旅行

トルコダイニング&水パイプバー **スルタン** 立川市 ●トルコ料理

キレイをめざす女子に人気のベリーダンス。その本場、トルコの食文化を体験できるレストラン。階段を降りる途中からスパイスの香りが漂う。「アジアでもヨーロッパでもない、独特なスパイス使いがおもしろくてのめり込みました」とオーナーシェフの日色卓也さん。キッチンでは、日色さんと一緒にトルコ人のコックも腕を振るう。

代表的な「ケバブー」は、肉とスパイスの種類が違う5種がある。3日間も漬け込んだのち焼くので噛むほどに深い旨味が広がり、トルコで最も愛されているビール「エフェス」との相性は最高だ。香草アニス入りで、水で割ると白濁する「イエニラク」などお酒も充実。食後は不思議な装置で吸う煙草「水パイプ」に挑戦してみるのもよし。M

メニュー
バルブンヤピラーキー（ひよこ豆の煮込み・自家製ピデ）　500円
ケバブーコース（前菜・スープ・お好きなケバブー・ピラウ・デザート）　2000円

☎ 042-527-0017
定 日曜
席 カウンター9席　テーブル22席
煙 喫煙可
P なし
住 立川市高松町3-14-11　マスターズオフィスB1F
JR立川駅北口徒歩7分
営 11:30～14:30(13:50 LO)、18:00～23:00(22:30 LO)

親しみやすいアットホームな空間で仲間とわいわい!

BRASSERIE《ブラッスリー》 Amicale《アミカル》 立川市 ●フレンチ

パリにあるカフェをイメージした店内にはフランスの写真やポスターが飾られ、開放感のあるテラス席も用意されている。

フランスの伝統的な郷土料理をベースにしており、シェフの得意とする魚料理は日替わりで旬の素材が登場する。その魚の特徴をしっかりつかんだ、ほかの食材にもぴったりと合った料理が編み出される。

厳選されたワインは、ソムリエが温度管理を徹底したセラーで管理。独自のルートを使って入手しているため、手頃な価格で上質なワインが味わえる。質問にも丁寧に答えてくれるので、ワインに詳しくなくても安心。

「料理とワインが合う」。その言葉を、改めて実感できる。Y

メニュー
ワインに合う欧風牛スジの煮込み　700円
仏シャラン産鴨モモ肉のコンフィ　1500円

☎ 042-512-7868
定 火、第1月曜
席 テーブル42席　個室12席(8名～可)　テラス18席
煙 禁煙(テラス席のみ喫煙可)
P なし
住 立川市柴崎町2-3-13　1F
JR立川駅南口徒歩2分
営 17:00～24:30(23:30 LO)　バータイム23:30～
土日のみランチ11:45～15:00(14:45 LO)

「エフェスビール」600円
「シシケバブー」(牛肉の串焼き)、
「アダナケバブー」(牛ひき肉の串焼き)
各600円

奥から時計回りに:「ステーキ・フリット　牛ハラミのステーキ、フレンチ・フライ添え」1500円、「アンディーブとブルサン・チーズのサラダ」700円、「鮮魚のフリカッセ　トマトとハーブでプロヴァンス風煮込み」1200円

鯛、ふぐ、松葉ガニ…静かなプライベート空間で

割烹《かっぽう》 ゆず

立川市 ●和食

ご予約の方の顔を思い浮かべて、「何が好みだったろうか、どんな風にお出迎えしようかなど考えるとやりたいことが次々わいて眠れない」と、店主の榎本礼紀さん。ホテルオークラ東京や海外で活躍したのち、国立で10席のみのお店からスタート。接待利用のニーズに応えて2009年にこの一軒家へ。2階にリビングルームのような個室を設えた。

都内のみならず、海外からも通う常連客が惚れ込む料理は、とっておきの天然高級魚が主役。旬の山の幸を織り交ぜたコースなら、先付けの次に運ばれるお椀を開けたとたん、ふわぁ～っ。ダシと素材の香りをかぎ、すっとするとたん、満面の笑みになる。M

メニュー
おまかせコース料理　5250円～(1階席)
　8400円～(2階席)
ふぐコース　10500円～

☎ **042-526-6191**
定 日、祝日
席 1階カウンター7席　テーブル10席　2階テーブル20席
煙 分煙
P なし(近くにコインパーキングあり)
住 立川市錦町1-20-15
JR立川駅南口徒歩12分
JR南武線西国立駅徒歩5分
営 17:30～21:00

畑も耕すシェフの、赤ワイン色した一軒家レストラン

ビストロ・ド・ミニヨン

日野市 ●フレンチ

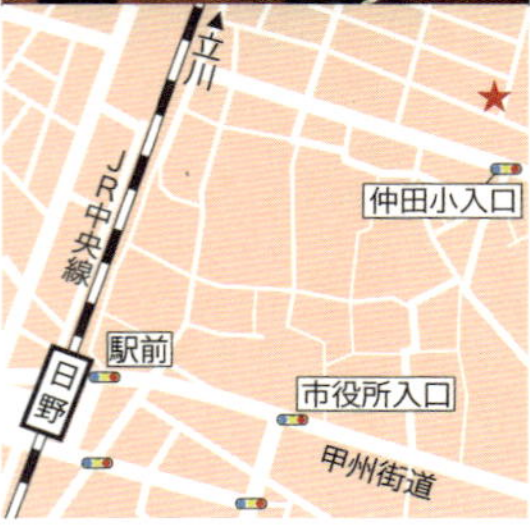

コック服に憧れた子ども時代の夢を紡いで、渡仏したのち1980年に開店。カウンター席のみならず、店内のどの席からもオーナーシェフ・松下英二さんの姿が見えて、席に着くだけで心地よい安心感に包まれる。

この時季にはこの料理、と待ちこがれるメニューが季節をめぐる。冬ならばジビエ。蝦夷鹿にじゃがいもを合わせたテリーヌのソテーの皿に、「待ってました」。添え野菜の大根の透明感、ジュワッと広がるみずみずしさに驚くと「うちの畑のです」と松下さん。小さなにんじんもじゃがいもも「うちの畑の」。畑に立ちはじめて10年になる。

野菜満載の料理はからだにも優しく、近くの「産婦人科コンチェルト」での出産のお祝い膳にもなる。M

メニュー
ランチコース　2700円／3900円
ディナーコース　4000円／5000円

☎ **042-584-4033** ＊要予約
定 月曜
席 カウンター5席　テーブル12席
煙 禁煙
P あり
住 日野市日野本町5-10-1
JR中央線日野駅東口徒歩10分
営 12:00～14:00、18:00～21:00

「鯛しゃぶコース」8400円～

「ディナーコース」4000円

パエリア、ワイン、まるでお祭りのような食事の時間

レストラン マリベン

日野市 ●スペイン料理

　駅から近い。なのに迷ってしまう裏道にある。笑いながら「わかりにくい場所をあえて選びました」と言うオーナーシェフの中井良治さん。探してほしいという思惑に、やられた！

　明るく開放的なランチタイムから一転、日が暮れるとキャンドルが灯り、じわじわとにぎわうディナータイム。「個性の強いワインと、ワインに合う料理を思い切り楽しんで」。マジョルカ島仕込みの中井シェフの演出は、「ポロン」と呼ぶワインの注ぎ方、大きな生ハムをカットする様子、吊るしたパエリアパンをさっと取るなど、動きあるパフォーマンス。食事もワインもどんどん進んで、またしてもやられた！

　初めての来店ならば、おすすめはパエリアを味わうコース。 M

メニュー

ランチパエリアコース　2940円
魚介のパエリア1人前　1680円（2名から）
その他アラカルト・コース料理あり

☎ 042-592-2704
定 火曜
席 カウンター6席　テーブル16席
🚭 分煙
P なし

住 日野市高幡1009-3　栄昌会館1F
多摩モノレール・京王線高幡不動駅南口徒歩3分

営 11:30〜15:00(14:30 LO)、17:00〜23:00(22:00 LO)
＊品切れ次第終了

ほんわかリビングで、高価ではない高級なフランス料理

プティ・ファンベック

日野市 ●フレンチ

　地図通りに歩きつつも本当にレストランがあるの？　と思うほどどっぷり住宅街にある。お家のリビングの名残か、家庭的な温もりが漂う。

　「生まれ育ったまちで仲間の力を借りながらはじめたくて」と坂本賢一シェフ。地元の方々が来店し、実家のご両親が庭の手入れに通う。そんなバックボーンもあったかい。

　男性も満足のボリューム、安心できる食材を心がけた、親しみやすい味わいのコース料理は予約優先。「僕のこの手で、できる限りのことをしたい。常に自分に挑戦です」と広げた両手は大きくて。

　ワイン選びは、妻でソムリエの香名子さん。賢一さんの料理に合う1本、そりゃもうお任せするのが一番です。 M

メニュー

ディナーコース
3990円／5250円／8400円

☎ 042-599-3599
定 月曜夜・火曜
席 テーブル18席
🚭 禁煙
P あり

住 日野市三沢4-8-23
多摩モノレール・京王線高幡不動駅南口徒歩8分

営 11:30〜14:30(13:30 LO)、17:30〜20:00

「タパスの盛り合わせ」2400円

「ランチコース」2100円より
前菜・きのこと魚介のフリカッセ、
メイン・榛名鶏のコンフィー、
デザート・パイナップルのエンゼル、
アングレーズソースにいちごのピュレ

坂の上にある、気さくで明るいイタリア食堂

LA PARATINO《ラ・パラティーノ》

日野市 ●イタリアン

「坂道を、ぶーぶー言いながら通ってくださるお客さんに支えられています」と、くしゃっと笑うオーナーシェフの設楽晃さん。市役所通りの長い坂道の上、風に揺れるイタリア国旗が手招きするコースメニューが充実の店。

設楽さんはイタリアン好き、パスタ好きが高じて会社定年の3年前に、お店をやってみようと決意した。すぐにナポリへ修業に飛び、同時に店舗づくりを進めた。そして3ヵ月後、帰国してすぐに第2の人生を開店。

おすすめは？　の質問に即答で「マルゲリータ」。本場仕込みに設楽シェフの好みが加わり、チーズを2層にたっぷり使って焼き上げている。

ホール担当は代々近くの大学生。さわやかな接客が心地よい。M

メニュー

平日限定ディナーコース（2名から）　2500円

土日限定ランチ（2名から）　2350円

☎ 042-587-0700

定 月曜

席 テーブル24席

禁煙（カフェタイムは喫煙可）

P あり

住 日野市神明4-22-6　カーサ・デ・フローレス2F
JR中央線日野駅徒歩10分

営 11:30〜14:30（14:00 LO）
カフェタイム（土日祝のみ）15:00〜17:00　18:00〜22:00（21:30 LO）

アウトレットの少し先、キャンパス内のフランス料理店

ルヴェ ソン ヴェール 南大沢

八王子市 ●フレンチ

多摩産のひのき材がふんだんに使われた、首都大学の中にある三日月型のレストラン。広々とした空間すみずみまで、空気がきれい。「南大沢らしさをできるだけ表現したくて」とスーシェフの高橋保弘さん。自然のやさしさ、いとしさやいつくしみが料理にも表現されている。

ランチは、日替わりのメインディッシュ+ビュッフェ。野菜中心の前菜が毎日14種類も用意され、何度もおかわりができる。これが1000円という良心的な価格、驚かずにはいられない。クラシックライブやウエディング利用も好評で、食を通じて人が集う場所としても大切な存在だ。

さわやかな季節はテラス席を開放する。シュワッとスパークリングワインを傾ける夕暮れ、緑あふれるリゾートを訪ねた気分になれる。M

メニュー

ディナーコース　2500円／3500円

☎ 042-677-3301

定 無休

席 テーブル60席　テラス10席

禁煙

P なし

住 八王子市南大沢1-1　首都大学東京国際交流会館内
京王線南大沢駅徒歩10分

営 11:30〜15:00（14:30 LO）、17:00〜21:00（20:00 LO）

「Bランチ」1550円より、サラダ、パン、本日のパスタ（メランザーネ）、メイン（カジキまぐろのバジルソース）、本日のケーキ（リコッタチーズケーキ）とパンナコッタ、コーヒーまたは紅茶

「日替わりランチ」1000円の魚料理より「タラのポアレ　トマト風味のスープ仕立て」。ビュッフェにて、前菜、パン、ドリンクがセットに

「アサリとキノコのスパゲッティ　バジリコ風味」
800円、スープはセットのニンジンのポタージュ

くり返し食べたくなる、安心感たっぷりの正統派洋食

レストラン クレッソン

八王子市 ●洋食

どんどん開けゆく駅前とは正反対に、30年近く変わらずどっしりとこの地にある洋食店。昼に訪ねる人のお目当ては、日替わりのランチ。寒い日はほっこり牡蠣料理を、春には季節を告げる鰆を使って。毎朝八王子の市場で食材を見て、気候を考慮して献立を考えている。

王道の洋食メニュー「ビーフシチュー」は、ソースがぎゅっと肉の細胞に入り込むようにとオーブンでじっくり煮込む。赤ワインと合わせて、ガッツリと広がるハーモニーを満喫したい。今日のおすすめを書いた黒板に「グラスワイン３００円」の文字。「食事をより楽しんで」と、ワイン好きの店主・市川敏郎さん、育子さん夫妻が、おいしくて安いものを徹底的に探している。M

メニュー

日替わりランチ　９００円
夜のおまかせセット　１３８０円／１６５０円
スパゲティミートソース　８４０円
グラスワイン　３００円

☎ **042-624-8582**
住 八王子市子安町3-7-13
JR八王子駅南口徒歩5分
営 12:00～14:30、17:00～21:00
定 火曜
席 カウンター3席　テーブル13席
禁煙
P あり(2500円以上の飲食で1時間無料)

「ビーフシチュー」（ランチはセットで1200円、
夜は単品で1050円）、「グラスワイン」300円

高尾山から直行！　山ガールも山ボーイもようこそ

FuMotoyA《ふもとや》

八王子市 ●イタリアン

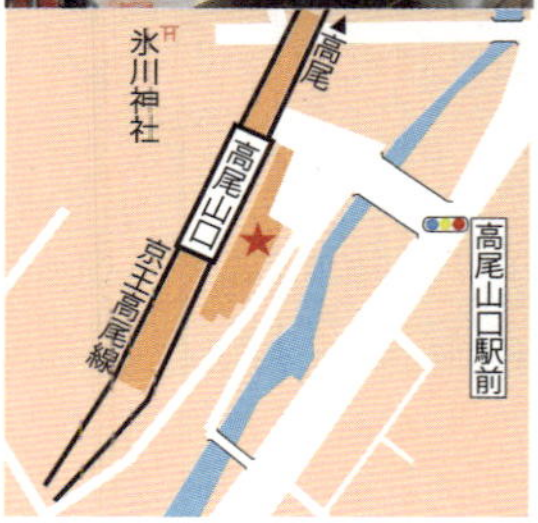

500度の石窯で焼かれたピッツァが、なんといってもこの店の自慢。まわりの生地はパリッと、中はもちっとした食感のナポリ風。とくにオリジナルの「とろろピッツァ」は、高尾山名物でもある月見とろろそばをイメージした斬新なメニューだ。とろろの風味と食感を残すため、チーズは控えめに使用、トッピングのベーコンの塩味がいいアクセントになっている。

ジェラートはイタリア製のほか、八王子の磯沼ミルクファーム製「みるくの黄金律」など10種類ほどあり、目移りしてしまう。

「いつでも山の『ふもと』にあるわが家のように、お客さんにくつろいでほしい」がお店の願い。足湯を併設しているのは、そんなやさしさからかも。 N

メニュー
ワタリガニのトマトクリームパスタ　1280円
紅茶のシフォンケーキ　500円

☎ 042-667-7568
定 無休
席 カウンター4席　テーブル53席　テラス席16席
パーティールーム48席
禁煙（テラス席のみ喫煙可）
P あり

住 八王子市高尾町2241
京王線高尾山口駅すぐ

営 11:00～17:30（16:45 LO）
土日祝10:00～18:30（17:45 LO）

山のぬくもりに包まれた、丹精込めた懐かしい昔料理を

爺々婆々《ちぢばば》の手料理 山の神

八王子市 ●ほうとう・郷土料理

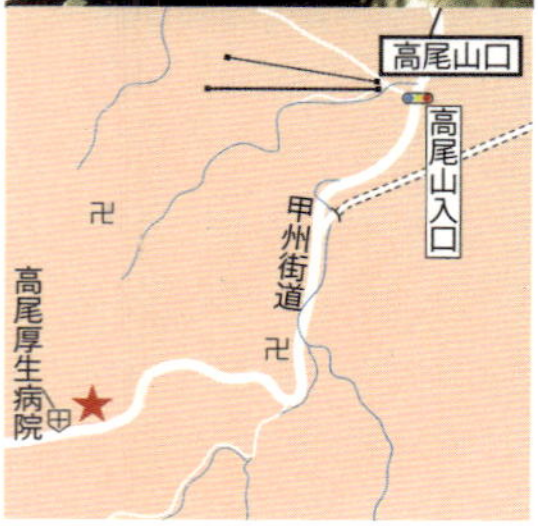

一見蔵のようだが、店内は昔むかしの田舎の家。古民家の黒光りする柱や梁を使って作られた。都会育ちでも懐かしさを感じながら、素朴で健康的な山のごちそうをいただける。

「ほうとう」は、本場・山梨県から取り寄せる平らでごっつい麺、かぼちゃ・里芋・きのこがごろごろ入り、オリジナルの味噌で仕上げる郷土料理。ふぅふぅ言いながらおダシまで飲み干せる。山菜や山芋、豆腐やこんにゃくなど地場産がふんだんに登場する献立に、登山や紅葉狩りの観光客も大満足。

2階のお座敷は広く、宴会や法事の利用でも喜ばれている。

隣接の「ごん助」は、離れの個室で囲炉裏を囲む炭火焼きの店。バス便が少ないので、車での来店がおすすめ。 M

メニュー
てこね寿司　1300円
めずらしきの子ホイル焼き　750円

☎ 042-661-9592
定 無休
席 テーブル45席　2階お座敷70席
禁煙（喫煙コーナーあり）
P あり

住 八王子市南浅川町4068
京王線高尾山口駅から車で5分
＊送迎有（要予約）

営 11:00～22:00（21:00 LO）

「とろろピッツァ炭焼き職人風」
1550円

「ほうとう御膳」1800円

今日は、どれにしようかな？　迷うしあわせ23種

Bel lino《ベルリーノ》

府中市 ●イタリアン

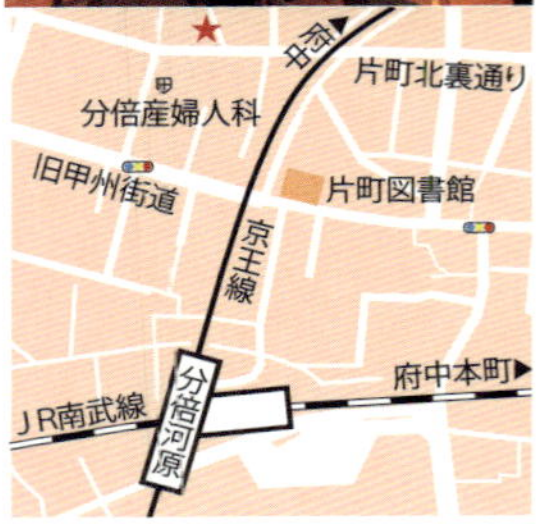

ふっくらモチモチの耳、とろけるチーズのコク、ほのかな薪の香り。ナポリから直輸入した薪窯で焼き上げる本格ナポリピッツァが楽しめる。

480～500度の高温の窯に生地を入れること1分。薪の香りが移った香ばしい焼きたては、直径30センチの皿からはみ出るほどの本場ナポリサイズだ。一番人気のマルゲリータをはじめ23種から選べる。意外と軽いのでひとり1枚でもぺろりと完食。手で食べてもおいしいが、本場さながらにナイフとフォークで食べたいときは「カットなしで」と注文しよう。13時すぎには売り切れる場合もあるので、ランチでも予約がおすすめ。

魚介とトマトをふんだんに使った南イタリアの料理やワイン、自家製ドルチェも別腹にするすると入る。Ⓣ

メニュー

おまかせ前菜盛り合わせ　1800円

☎ **042-364-6449**

定 火、第3月曜

席 テーブル18席

禁煙

P なし

住 府中市美好町1-40-1
JR南武線分倍河原駅徒歩5分

営 11:30 ～ 15:00（14:00 LO）、18:00 ～ 22:00（21:00 LO）

相模湾の活魚や粟島の地魚を堪能できる、家族経営の店

和食　たか田《だ》

府中市 ●和食

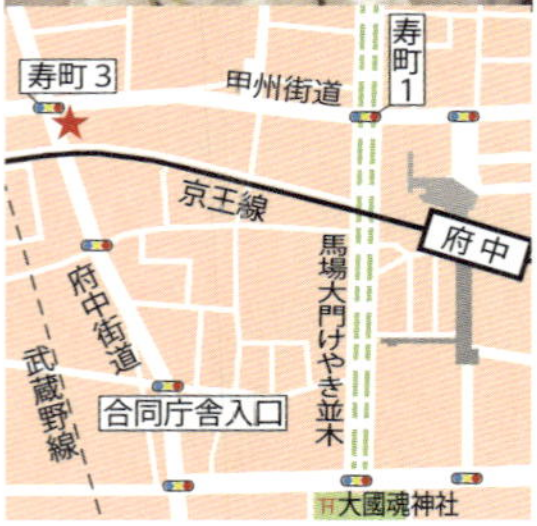

家族揃って、生粋の料理人。「お父さん」こと高田栄さんは寿司を握って30余年。その腕前は「銀座の名店よりネタとシャリのバランスがいい」と食通に言わしめたほど。兄の成一さんと弟の信人さんは、それぞれ一流料亭で修業した経歴を持ち、各々の持ち場で腕を振るう。

おすすめは、鮮度が自慢の活魚料理。カウンター横の水槽で泳いでいる相模湾や近海の魚を注文に応じて調理してくれる。新潟県粟島の漁師から直送される天然ものの地魚も。刺身や一夜干しと合わせれば、お酒も格別だ。フロアを仕切る「お母さん」こと文子さん自慢のぬか漬けも、いい合いの手に。

おまかせコース＋1000円で、お父さんが握る江戸前寿司6貫も。Ⓣ

メニュー

日替わり定食ランチ　800円
刺身盛り合わせ　1800円
合鴨香り蒸し焼き　750円

☎ **042-366-4199**

定 日曜

席 カウンター5席　お座敷30席　個室8～10名用2室

喫煙可

P なし（市営駐車場の補助券あり）

住 府中市寿町2-3-1　レールサイド寿
京王線府中駅けやき並木通り口徒歩3分

営 11:30～14:00、17:30～23:00
（食事22:00 LO、ドリンク22:30 LO）

「マルゲリータ」1300円

「スカンピ（手長エビ）のクリームソース」1800円、「自家製ピスタチオナッツのケーキ」480円

「板長おまかせコース」全5品（先付、刺身、焼魚、炊き合わせ、揚物、 ワンドリンクサービス）3500円の一例

本格派をカジュアルに、お洒落でプチ贅沢なイタリアン

ラ・ルーチェ

府中市 ●イタリアン

　もっと気軽にイタリアンを楽しんでほしいと、数年前に改装した。オープンキッチンの店内から聞こえるフライパンを振る音も心地いい広々としたレストランだ。

　メニューはヴェネト州やトスカーナ州の料理が中心。おすすめは毎日丹念に作られるパッパデッレやカヴァテッリといった、日本ではあまり耳慣れない手打ちパスタたち。10種類以上ある形状の違うパスタは、それぞれ相性のよいソースと組み合わされ、見た目も食感の違いも楽しめる。

　事前に予約をすれば生まれ年のワインも用意してくれるので、記念日にも最適。オーナーシェフの松崎路彦さんがコレクションしている、秘蔵ワインリストからも頼める。G

メニュー
森の木の子のスープ　栗のプレアとカリッとソテーしたフォアグラのせ　1600円

☎ **042-354-0188**
定 火曜
席 カウンター9席　テーブル席26席
煙 禁煙（ディナーはカウンターのみ喫煙可）
P なし

住 府中市宮西町1-18-6　ライオンズステージ府中シティタワー101-1
京王線府中駅けやき並木通り口徒歩7分
営 11:30～14:00、17:30～21:30
平日のみバータイム21:30～23:00
土日11:30～15:00（14:30 LO）

一流ホテルの本格フレンチコース料理がお手頃価格で

厨房《ちゅうぼう》セルポワ

調布市 ●フレンチ

　有名ホテルで長い間腕を振るい、料理長も務めた佐藤良次さんが経営する本格フレンチの店。

　以前はハンバーガーチェーン店だった店舗を、外装・内装ともに自身で仕上げたという。2004年のオープン以来、ピカピカに磨き上げられた厨房には、ホテルと同じ業務用厨房機器が並んでいる。

　メインはもちろん、料理によって異なる付け合わせに至るまで丁寧な仕事ぶり。細部まで皿の上にはやさしい心づかいがあふれている。多くのお客が頼むという特製茸のパイ包みスープは、パイがサクサクとほんのり甘く、上品なスープの味と絶妙なマッチング。ビーフカレーなどの単品もあり、気軽に立ち寄れる。G

メニュー
夜のお魚セット　1780円
スペシャルディナーコース　6600円～
＊夜のコースは要予約

☎ **042-441-2877**
定 月、第2火曜
席 テーブル14席
煙 禁煙
P あり

住 調布市布田2-50-1
京王線布田駅北口徒歩1分
営 11:30～14:30（14:00 LO）、18:00～21:30（20:00 LO）

手前:「セージバターソース パルミジャーノのせ」1400円、
奥:「ストロッツアプレーティー本日のラグーソース」1500円

「ディナーコース料理」の一例　3150円〜

フランス人をも唸らせた、予約必至のアットホームなフレンチ

レストラン アミューズ

調布市 ●フレンチ

仙川の住宅街に向かってしばらく歩くと、フランス国旗が揺れる小さなレストランが見えてくる。気軽にフレンチを楽しんでほしいとシェフの芳村安記さん、マダムの智湖さん夫婦が1998年にお店を構えた。

味だけでなく体にいいものを提供したいと有機野菜や無添加の食材を使い、天然酵母のパンやデザートもすべて手作りだ。

「これが食べたくてまた来ちゃった！」と人気の「生うにのコンソメゼリー添」は、うにの塩味とコンソメ・にんじんムースの旨味が舌の上で絶妙なハーモニーを奏でる。3日前から仕込みはじめる「牛ほほ肉の5時間コトコト赤ワイン煮込」は、柔らかく煮込まれた肉に赤ワインの芳醇なソースをたっぷりとまとわせていただいてほしい。 G

メニュー
ランチセット 1580円〜
本日のコース 3500円〜

☎ **03-3305-5658**
定 火曜
席 テーブル14席
禁煙
P なし

住 調布市仙川町1-3-5
京王線仙川駅徒歩4分

営 11:30 〜 14:00、17:30 〜 21:30

狛江市産野菜がたっぷりの、体にやさしい中華レストラン

私房菜《しぼうさい》 福福《ふうふう》

狛江市 ●中華

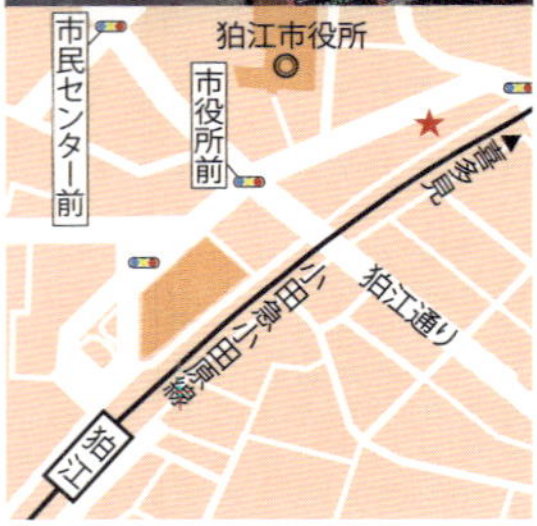

店内に入ると目に飛び込んでくるガラス張りの厨房には、中国の歴代国家指導者も通うホテルで料理人をしていた戚凱（チイガイ）さんと、麺点師の朱丹彤（シュウタントウ）さんが。

中国語でプライベートキッチンを意味する「私房菜」らしく、お客の年齢や体調を配慮して塩加減などを調整してくれる心づかいがうれしい。

狛江市産のおいしい野菜に感動し、いろいろな形で提供したいという思いで作られた店は、数少ない「とうきょう特産食材使用店」に認定されている。

その日その日で野菜を替えて調理するので、同じ料理でも日によって違う野菜になる楽しみが。フカヒレの姿煮スープ付きのボリュームたっぷりな「翡翠コース」が人気。 G

メニュー
ランチセット 1260円〜
狛江野菜の季節の特製水餃子 750円
海老のチリソース炒め 1575円

☎ **03-5761-5577**
定 月曜（祝日の場合は翌日）
席 カウンター5席 テーブル22席（内個室4席）
禁煙（個室のみ喫煙可）
P なし（近くにコインパークあり）

住 狛江市和泉本町1-2-15-1Ｆ
小田急小田原線狛江駅北口徒歩４分

営 11:30 〜 14:30（14:00 LO）
17:00 〜 22:30（22:00 LO）

2人のためのアニバーサリーコースより手前：前菜「生うにのコンソメゼリー添」、奥：「牛ほほ肉の5時間コトコト赤ワイン煮込」2名で11000円

「翡翠コース」4200円

ヘルシーな中華料理で、カラダの中からキレイになる

中国料理 好華《こうか》

狛江市 ●中華

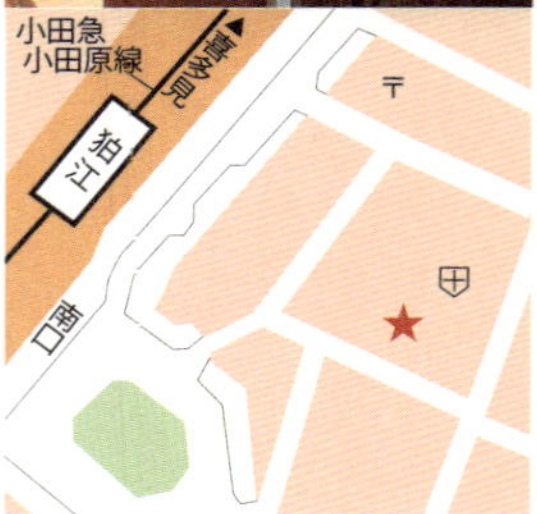

円卓に大皿料理が並ぶ中華のイメージとはかけ離れた、スタイリッシュな店内。昼時になれば女性客でほぼ占められるその光景は、まるでカフェのよう。

駅前の好立地に1976年に店を構え、2008年にリフォーム。現在は2代目の鴨志田真也さんが腕を振るっている。

人気メニューは鎮江黒酢の酢豚。肉質がきめ細かく柔らかな岩手のコマクサ杜仲茶ポークや、中国・鎮江産の深いコクのある黒酢をセレクトするなど、素材選びにとことんこだわる。色彩豊かでフレンチのような盛り付けも魅力のひとつ。麺類も不動の人気で、女性の支持率ナンバーワンは、中華スープに豆乳を加えた「美肌つゆそば」。マイルドなスープに細麺が絡み、鶏のコラーゲンや野菜もたっぷり摂れる。T

メニュー
チンジャオロースー　1200円
たくさん野菜の入ったおこげ　1000円

☎ **03-3480-4748**
定 木曜
席 テーブル24席
喫煙可
P なし

住 狛江市東和泉1-19-6　狛江会館1F
小田急小田原線狛江駅南口徒歩2分

営 11:30～15:00、17:00～22:00

〆は「紅のチャーハン」！ 定番から変わりダネまで充実の店

Kitchen《キッチン》&Bar《バー》 Swim《スイム》

稲城市 ●ダイニングバー

駅前の商業施設・フレスポ1階という好立地。気軽に立ち寄れるダイニングバーは、会社帰りの男性はもちろん、女子会やママ会の場としても重宝されている。

岡野大輔シェフ自ら市場で仕入れる鮮魚を使ったカルパッチョをはじめ、アラカルトはメニューにのるだけでも60種。定番のスペイン産生ハムからチーズと油揚げの葱味噌焼といった変わりダネまで、バラエティに富んでいる。冬には洋風おでんも欠かせない。

〆にも人気のメニューがオリジナルの「紅のチャーハン」。鮮烈な色の正体は、何を隠そうしば漬けだ。さっぱりとした味わいで、飲んだ後にも最適。

バーテンの望月克彦店長が作るカクテル各種や世界のワイン、焼酎など豊富に揃うお酒も楽しみたい。T

メニュー
日替わりタパス各種　300円～500円
本日の鮮魚のカルパッチョ　900円

☎ **042-350-3215**
定 年末年始
席 カウンター6席　テーブル30席
喫煙可（ランチ時のみ禁煙）
P なし（フレスポビル2時間駐車場のサービス券あり）

住 稲城市若葉台2-1-1　フレスポ若葉台EAST 1F
京王相模原線若葉台駅北口徒歩2分

営 11:30～15:00(14:00 LO)、17:30～24:00(23:00 LO)
土曜祝前日11:30～15:00(14:00 LO)、17:30～翌1:00(24:00 LO)

「酒膳コース」3000円の一例（前菜盛り合わせ、車海老のチリソースor車海老と野菜の塩味炒め、春巻きor小籠包、鎮江黒酢のスブタorコマクサ豚のやわらか煮、 炒飯or焼きそばorマーボーかけご飯orつゆそば、杏仁豆腐orマンゴープリン）

「好華美肌つゆそば」1000円

手前:「千葉産スズキのポワレ
じゃがいもとアサリのソース
アサツキの香り」1300円、
奥:「紅のチャーハン（Since1990）」
840円

川沿いに佇むレストランで、笑顔のシェフがお出迎え

ブラッセリー リバゴーシュ

多摩市 ●洋食

フランス語で「川の左側」という店名のとおり、桜並木で有名な乞田川に面した店は天井が高く、壁二面分の大きな窓が印象的だ。昼下がりには柔らかに降り注ぐ日差しを感じながらゆったりとした贅沢な時間を過ごせる。テラス席は散歩の途中に犬連れで立ち寄る人も多いという。

フレンチとしてスタートしたが、リクエストで作りはじめたパスタメニューが増え、ペスカトーレやカルボナーラなどが人気。ボリュームたっぷりのパスタだが、お願いすれば好みの量に調整してくれるので女性ひとりでも安心。メイン料理には三元豚など吟味された食材を使用する。フレンチならではの「名物　エスカルゴの香草焼き」は、ワイン片手に楽しめる。G

メニュー

スパゲティーランチ（2名分）2100円

ペアディナー（2名分）5000円

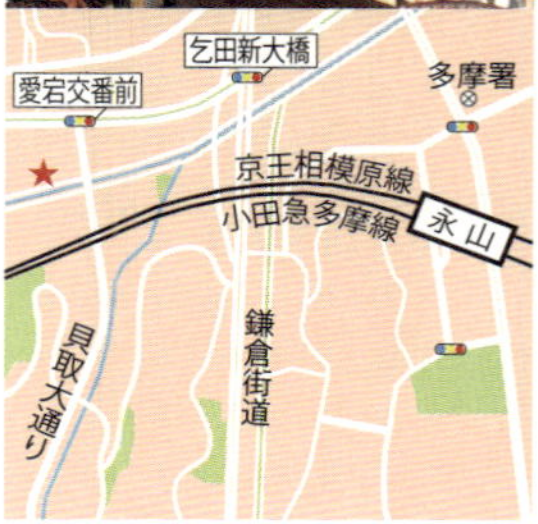

☎ 042-338-4564

定 月、第1・3火曜

席 カウンター5席
テーブル30席　テラス6席

喫煙可

P あり

住 多摩市乞田688-2　ラ・プランタン1F
京王相模原線京王永山駅徒歩15分

営 火18:00～23:00(22:00LO)
水～土12:00～15:00(14:00 LO)、18:00～23:00(22:00 LO)
日祝12:00～15:30(14:30 LO)、18:00～22:30(21:30 LO)

地のもの、旬のものを大切にするこだわりのイタリアン

地中海料理 トレーノ・ノッテ

多摩市 ●イタリアン

パルテノン多摩の5階、多摩公園を見下ろす小高い場所にある眺めのいいレストラン。一見するとイタリア料理店とは分かりにくいが、一度訪れたらリピーターになる人が多いそう。

無農薬、減農薬にこだわった野菜をふんだんに使い、素材本来の味を邪魔しないシンプルな料理を心がけているという。そんな目で選び抜かれた野菜は味がしっかりとして甘く、野菜の栄養が体の細胞一つひとつに行きわたるよう。

「将来的には牛を含め食材すべてを自分たちで育て、本当に安全で安心できるものを提供していきたい」と、シェフの長内義文さん。すでに一部の野菜は自身の畑で育てたものを使っているという。体思いのシェフが作る健康を意識したイタリアンが堪能できる。G

メニュー

チーズリゾット 1500円

イベリコ豚のグリル 粒マスタードソース 2100円

☎ 042-373-7323

定 パルテノン多摩閉館日

席 テーブル58席　テラス12席

禁煙（テラス席のみ喫煙可）

P あり（パルテノン多摩駐車場2000円以上で1時間無料券）

住 多摩市落合2-35　パルテノン多摩5F西
京王線・小田急線・多摩モノレール
多摩センター駅徒歩7分

営 11:30～15:30(14:30 LO)、17:30～22:00(21:00 LO)
土日祝11:30～22:00(21:00 LO)

「リバゴーシュランチ」
お肉orパスタ
各1250円

季節の魚料理「カキと三浦野菜のフリカッセ」 1400円

ナポリピッツァ協会が正式に認定した、本物のピッツァ

ピッツエリア ラ・パーラ

多摩市 ●イタリアン

　店内のあちらこちらに配置されている小物からテーブルまでが、オーナーシェフ・下田昇司さんの手作り。細かな心配りという下地がある、あたたかな雰囲気に納得。

　オープン前の3年間はひたすらピザ焼きの練習、日本にある生地用の粉はすべて試したという。薪窯はナポリから。チーズやトマトソースなどの食材も現地の工場を見学し、納得できたものだけを使っているという。

　甲斐あって、ピッツァは生地がもちもちで薪の香りをうっすら感じる、極上な焼き具合。そんな評判を聞きつけ、遠くは九州からも食べにくる人もいるという。

　アサリの旨味たっぷりのボンゴレもおすすめ。多摩ニュータウンにいながら、ナポリに旅した気分になれる店。Ｇ

メニュー

ランチ

マリナーラ（トマトソース・にんにくスライス・オレガノ）　1280円

サルシッチャ（ソーセージ）と青菜と黒オリーブのパスタ　1370円

グランドメニュー

22ヶ月熟成パルマ産生ハムと本日のサラミの盛り合わせ　1780円

☎ **042-339-7888**

住 多摩市山王下1-13-6　マンションサザンヒル1F
京王線・小田急線・多摩モノレール多摩センター駅徒歩7分

営 11:30～15:00（14:00 LO）、17:00～22:00（21:00 LO）
土日祝11:30～16:00（15:00 LO）、17:00～22:00（21:00 LO）
定 木曜
席 テーブル34席
禁煙（ディナー時のみ喫煙可）
P あり

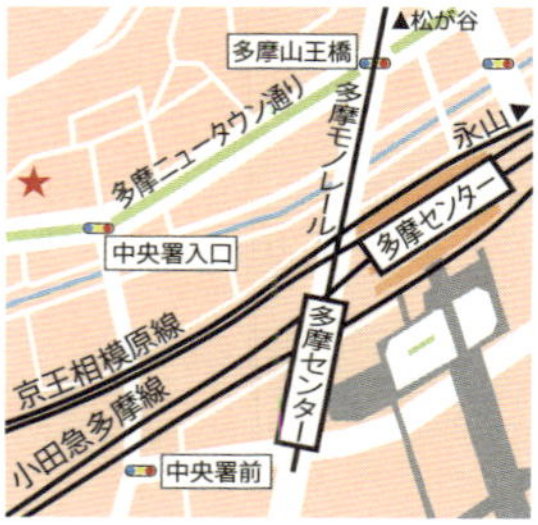

手前から時計回りに:「マルゲリータ」1580円、「パスティエーラ」(ナポリを代表する焼き菓子)580円、「グラス赤ワイン」840円、「ナポリ名物、アサリのパスタ"ボンゴレ"」昼1580円・夜1680円

Ａ５ランクの極上の近江牛が手の届く価格で楽しめる

近江牛専門店 レストラン神谷《かみや》

多摩市 ●肉料理

Ａ５ランクとは流通上の格付けで、総合的に「かなりよい」評価を受けた極上肉のこと。系列会社が近江牛専門商社のため、これでいいの？　と思うほどの価格設定だ。普段は１０００円でお釣りがくる定食を、ちょっと贅沢をしたい日にはステーキ、しゃぶしゃぶ、すき焼きをいただこう。「牛舌の塩漬け」をつまみながら一杯もいいかもしれない。

創業は１９３８年で、港区神谷町に店を構えていたことが店名の由来だそう。１９８９年からは現在の地に。おかげでほっぺが落ちそうなお肉を、いつでも身近で堪能できる。

牛肉の直売もあり、勢いついでにお持ち帰りもできる。おいしさの余韻が、帰宅してからも続くしあわせ。Ｇ

メニュー

ゴールデンコンビステーキ（近江牛フィレ肉１００ｇ・極上霜降り肉１００ｇ）　４９００円

近江牛しゃぶしゃぶコース　３６７５円

☎ 042-373-5941

定 水曜

席 テーブル108席

喫 分煙

P あり

住 多摩市関戸4-5-4
京王線聖蹟桜ヶ丘駅東口徒歩3分

営 11:00 ～ 22:00（21:00 LO）
ランチ11:00 ～ 15:00

カジュアルイタリアンで、ブオーノ（おいしい）！

Ubriaco《ウブリアーコ》

多摩市 ●イタリアン

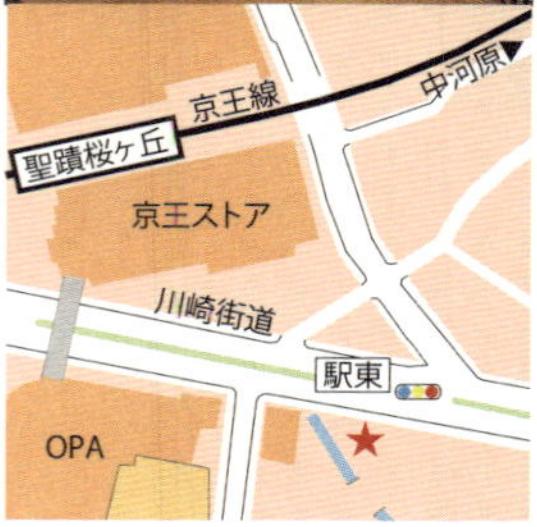

「自分が行きたいと思うお店を作っていきたいんです」と若きオーナーシェフの原健太郎さん。その思いから、社員全員でイタリアへ研修旅行に出かけ、本場の空気を体験させた。お客の明るい笑い声が響く店内は、イタリアの大衆食堂や大衆酒場といった雰囲気。

ほとんどの人が注文するという人気のメニューは、前菜の８種盛り合わせ。「ちょっとずつ、たくさん」が好きな女性にはうれしいメニューだ。内容はその日によって替わるが、濃厚でなめらかな「地鶏レバーのクロスティーニ」や、ふわふわの食感がたまらない「ゴルゴンゾーラチーズのムース仕立て」でウォーミングアップしてから、メインに期待をふくらませたい。Ｇ

メニュー

手長海老とフレッシュトマトのマルタリアーティ　１６８０円

☎ 042-337-6309

定 日、第1月曜

席 カウンター10席　テーブル30席

喫 分煙

P なし

住 多摩市関戸4-4-1　ハイマート第2聖蹟桜ヶ丘1F
京王線聖蹟桜ヶ丘駅東口徒歩2分

営 11:30 ～ 15:00（14:00 LO）、17:30 ～ 23:00（22:00 LO）

「神谷ステーキ」
（近江牛もも肉140ｇ）
1950円

「Ubriaco自慢のAntipasto misto」
2人前1680円

おひとりさまでもリーズナブルにゆったりイタリアン！

Bianco《ビアンコ》

町田市 ●イタリアン

オーナーシェフ加藤純一さんとマネージャー森山宗一郎さんは中学時代の同級生。息もぴったりだ。「寿司屋かイタリアンの店をやるかで迷ったんです」と笑う加藤さんは、寿司職人の経験もあり、魚介の目利きには自信がある。

メニューが並ぶ黒板は、ぜひチェックを。生ガキ、金目鯛、ホタテ、生ダコなど、素材名を眺めるだけで期待が膨らむ。パスタなどの麺にもこだわりが。きしめんのような食感でソースとよく絡むフェットチーネは製麺所と共同開発したもので、新たな生パスタも考案中。店内にはカウンター席もあるので、女性ひとりでの来店も安心だ。

オーダーが入ってから焼きはじめる「町田ショコラ」を待つこと15分。スプーンを入れるとふわふわのスフレの中から、あたたかいショコラが溶け出す。バナナを浸して、フォンデュのように食べても美味。C

メニュー　パスタランチ　1000円

☎ **042-729-8226**

定 日、第3月曜
席 カウンター５席　テーブル20席
喫 禁煙（ランチタイムのカウンター席、ディナータイムは一部喫煙可）
P なし（近くにコインパークあり）

住 町田市中町1-17-4-C
JR横浜線町田駅徒歩８分
小田急線町田駅徒歩４分

営 11:30〜15:00（14:30 LO）、17:30〜23:00（22:30 LO）

カフェ×食堂みたいな居心地のよさで幸せ気分

イタリア食堂　エルヴェッタ

町田市 ●イタリアン

赤いレンガ壁と緑あふれるウッドテラス、国旗が目印。鮮やかな黄色い壁と緑の窓の店内は木の素材と調和し、どこか懐かしくあたたかい。「ゆったり味わい、食事を通して元気になってほしい」と言うオーナーシェフ櫻井一夫さんがこだわったのは、外国っぽさ。イタリア暮らしの経験がある女性画家が内装をデザインした。

もっちり弾力のある生パスタの中でも、彩りが美しい「季節野菜のペペロンチーノ」は人気の一品。グリルで香ばしさと甘みが増した旬の野菜がたっぷり。バルサミコ酢と苺ジャムを練り込んだティラミスなどのドルチェも充実しており、誕生日には特製ケーキのサービスも。リーズナブルでバリエーション豊富なイタリアンレストランとして、地元客の間でも人気が高い。C

メニュー
本日のコース（前菜3品＋パスタ＋ピザ＋デザート＋ドリンク）　3000円

☎ **042-728-0208**

定 日曜
席 テーブル50席
喫 分煙
P なし（近くにコインパーキングあり）

住 町田市森野1-33-18
JR横浜線町田駅徒歩８分／小田急線町田駅徒歩３分

営 11:30〜14:00、17:00〜22:00
祝17:00〜21:30

「町田ショコラ」650円

「天使の海老と渡り蟹のトマトクリーム
コラボ生パスタ フェットチーネ」
1700円

「季節野菜のペペロンチーノ」1250円

あの角にある、オレンジ色のオーニングをめざせ

町田イタリアン　ルーチェ

町田市 ●イタリアン

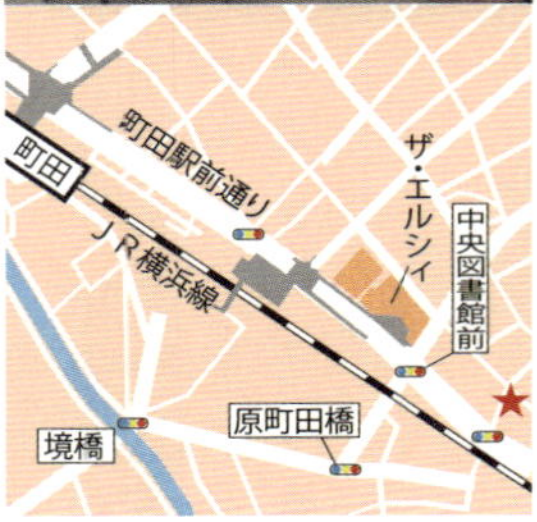

南青山の有名店「ナプレ」で食べたナポリピッツァが、運命の出合いだったというシェフの下田亮さん。その後研究し、たどり着いたのは小麦や酵母など厳選素材と超熟製法。「この味と食感は、時間をかけることでしか引き出せないんです」と話す。一昼夜寝かせた生地を広げる手つきは、生地と対話するように優しい。専用窯でふんわり焼き上がったピッツァは表面がカリッとしていて、噛むともっちり感とともに小麦の芳醇な甘みが広がる。みずみずしいトマトやバジル、モッツァレラチーズなどシンプルな具材との相性も絶妙だ。

　食材の入手は、主に地元の町田市から。良質な牛乳や卵、季節の野菜などいいものがあるそうだ。地産地消・地域密着の安定感がうれしい。C

メニュー
ランチセット
（ピッツァ　1300円　パスタ　1200円）

☎ **042-721-7226**
定 水曜（祝日の場合は翌日）
席 テーブル40席
禁煙
P なし（提携コインパーキングで200円のパーキングチケットあり）

住 町田市原町田2-2-5　オードリービル1F
JR横浜線町田駅徒歩5分／小田急線町田駅徒歩10分

営 11:30～15:00（14:30 LO）
18:00～22:00（21:30 LO）

デザートだけでも20種類！　女性に大人気のランチバイキング

カリヨン

町田市 ●コーヒーショップ

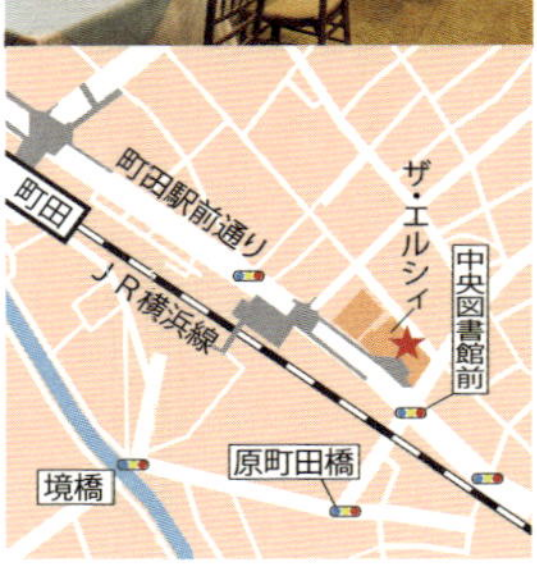

JR町田駅前にある「ホテル ザ・エルシィ町田」内の人気レストラン。営業時間が早朝からなのでモーニングはもちろん、とくにランチが女性に人気だ。選べるランチコースは、4種類。スープ、パン、サラダ、デザート、ドリンクのすべてがバイキング。宝石のような色とりどりのデザートやフルーツだけで20種類。好きなだけ食べられるなんて幸せの極みだ。

　料理のコンセプトは「体にやさしく安全・安心」。料理長目利きのもと、付け合わせの野菜に至るまで品質に気を配っている。岡山県・倉敷市の契約農家の有機無農薬野菜のほか、できるだけ地元の新鮮な食材で地産地消を心がけたいと、町田市で採れた旬の野菜も料理に欠かせない。C

メニュー
ローズランチ　1600円
パレットランチ　2800円
＊ランチコースにはすべてスープ・パン・ドリンク・健康野菜とパティシエ特製デザートバイキングが付く。

☎ **042-724-3125**
定 無休
席 テーブル48席
禁煙
P あり（ホテル駐車場利用で２時間無料）

住 町田市原町田3-2-9　ホテル ザ・エルシィ町田2F
JR横浜線町田駅徒歩１分／小田急線町田駅徒歩7分

営 モーニング　6:30～9:00（土日祝～10:00）
ランチ　11:30～15:00（14:30 LO）
喫茶　15:00～17:00　　ディナー　17:00～21:30（21:00 LO）

「小エビと野菜のジェノバ風」
（レジネッテ）1180円

「マルゲリータ」1180円

デザートバイキングのデザートの一例

「カトレアランチ　本日のお魚料理」2100円

中身がギュッと詰まったロールキャベツのズッシリ感

ココット

西東京市 ●洋食

　1975年の開店以来、ひばりヶ丘マダムを中心に愛されている洋食レストラン。

　銀座の三笠会館で9年間腕を磨いた芦田孝志シェフがおすすめするのは、ロールキャベツ。開店直後から30年以上かけて少しずつ改良し完成させたこの逸品は、今や看板メニューとなった。ハーブとともにトマトソースで8時間じっくり煮込んであり「ナイフを入れた瞬間、包まれた挽肉とキャベツが同じ柔らかさになるように」と計算されている。1つ370グラムのボリュームを感じさせないのは、噛まずともふわっととろける食感とトマトソースのほどよい酸味にある。

　ショーケースに並んだタルトタタンなど、常時6種ある自家製ケーキもお見逃しなく。T

メニュー

アサリのスパゲティ　850円

ピラフと海の幸のクリームグラタン　1580円

☎ 042-422-4492

定 月、第1・3火曜（祝日の場合は翌日）

席 テーブル28席

禁煙

P なし

住 西東京市谷戸町3-27-24　ひばりがおかプラザ2F
西武池袋線ひばりヶ丘駅南口徒歩3分

営 11:30 ～ 15:30（14:30 LO）、17:30 ～ 22:30（21:30 LO）

あふれる肉汁がたまらない！　和牛100%手ごねハンバーグ

チョーサンズ グリル

西東京市 ●ハンバーグ

　大きな手で1日数十個のパテを仕込むのは、チョーサンこと長坂将史さん。開店以来、田無駅界隈では人気の店。

　刺身でも食べられるほど新鮮で上質な北海道産和牛100％を使用したハンバーグ。鉄板の上でジュウッと音を立てながらの登場に、期待で胸が高鳴る。ナイフを入れると肉汁が勢いよく飛び出した。改良を重ねたというデミグラスソースにも挽肉がたっぷりで、その相乗効果にもはや敵なし。

　ステーキもバーベキューリブもロコモコもと、メニューがどんどん誘惑する。具だくさんの「コブサラダ」も魅力的。世界のビールやワインが、食欲をさらに後押ししてくれる。T

メニュー

和牛サーロインステーキセット（ライス、スープ付き）150g　2980円

名物チョーサンズ・バーベキューリブ　1000円

☎ 042-468-5151

定 無休

席 カウンター10席　テーブル18席
テラス4席　＊犬連れOK

喫煙可（ランチ時禁煙）

P なし

住 西東京市田無町4-29-3　SAビル1F
西武新宿線田無駅北口徒歩3分

営 11:00 ～ 15:00（14:30 LO）
17:00 ～翌3:00（フード翌2:00 LO、ドリンク翌2:30 LO）
日11:00 ～ 15:00（14:30 LO）、17:00 ～ 24:00（23:30 LO）

ランチメニューより
「ロールキャベツ」
（サラダ、パンまたはライス付き）
1200円

「BEERセット」（ビール、サイドメニュー、手ごねハンバーグ250g、ライス、スープ）1800円

中華料理人兼野菜ソムリエの、朝採れ野菜のバーニャカウダ

墨花居《ぼっかきょ》 田無店

西東京市 ●中華

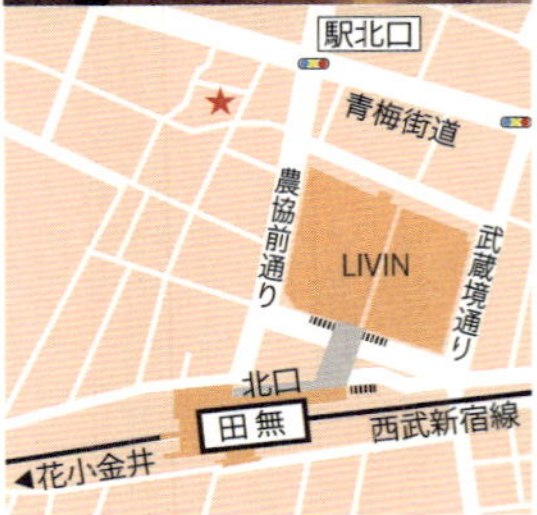

人気メニューが「バーニャカウダ」という中国家庭料理の店。ミスマッチのようにも思えるが、料理長は野菜ソムリエでもある堀内正也さん。地元契約農家からの有機野菜やハーブ、西洋野菜をふんだんに盛り込んだスローチャイニーズフードが人気を呼んでいる。

10品目の野菜を、墨花居オリジナルのバーニャカウダソースに絡めていただく。あたたかいまろやかさは、クリームフォンデュのよう。珍しい野菜もたっぷり摂れて満足感が大きい。自然農法をめざした野菜は、みずみずしく味の濃いものばかり。

もうひとつのおすすめが、「麻婆豆腐」。長時間煮込んだ牛スジが加わることで、辛い中にもコクと甘さが同居。その抜群のさじ加減は、本格中国レストランならではだ。[T]

メニュー
野菜ソムリエの美食コース8品　3675円
女子会コース　7品　3150円

☎ **042-451-8852**
[定] 無休
[席] テーブル124席（2～50名用半個室あり）
[煙] 禁煙（テラス席・平日夜・土日祝は喫煙可）
[P] なし（提携駐車場あり）

[住] 西東京市田無町4-24-1　k-house3 1F
西武新宿線田無駅北口徒歩1分

[営] 11:30～15:00（14:30 LO）、17:00～22:30（21:30 LO）
土日祝11:30～22:30（21:30 LO）

陽気に楽しむ前菜盛り合わせと、石窯で焼いたもっちりピッツァ

TRATTORIA《トラットリア》 CUORE《クオーレ》

小平市 ●イタリアン

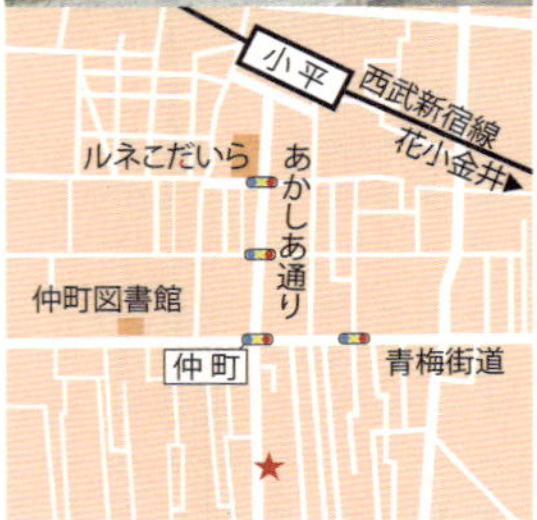

500度近くの石窯でおよそ2分、オーナーの上野義安さんが耳はカリッ、中はもっちりのナポリ風ピッツァを焼き上げる。一番人気の「蒸しウニとマスカルポーネのピッツァ」をはじめ、18種類は壮観だ。グループで来てシェアしても、制覇するまで何度も通いたくなってしまう。

前菜も充実していて、埼玉尾崎ファームの畑から佐藤一博シェフが自分で収穫するという旬の野菜や、日本各地から直送される魚介を使ったマリネやカルパッチョが常時5品ある。好みでいくつか選んだら、人数分をきれいに盛り合わせてくれる。白赤各9種揃うイタリアワインと共に楽しみたい。[T]

メニュー
540日熟成パルマ産生ハムとルッコラの前菜　1050円
自家製チカティエッリのパスタ　1450円
採れたて野菜のバーニャカウダ　1050円

☎ **042-341-4788**
[定] 月、第3火曜（祝日の場合は翌日）
[席] テーブル36席
[煙] 喫煙可（ランチ時禁煙）
[P] あり

[住] 小平市学園東町436-1
西武新宿線小平駅南口徒歩15分

[営] 11:00～15:30（14:30 LO）、17:30～22:30（21:30 LO）

「麻婆豆腐」1365円

「野菜ソムリエのバーニャカウダ」
1260円

「蒸しウニとマスカルポーネのピッツァ」1680円、「カキとカリフラワーのクリームソース フェットチーネ」1450円

「前菜の盛り合わせ」各600円（2人前）

四季を彩る庭園を愛でながら、数寄屋造りの個室で京懐石を

四《し》季《き》亭《てい》

小平市 ●和食

約3000坪の広大な敷地に佇む、京懐石の名店。門をくぐれば、小川のせせらぎの音が耳に心地よく、四季が織りなす花鳥流水をテーマにした日本庭園が広がっている。風雅な世界に遊ぶとは、まさにこのこと。

江戸時代の金屏風を飾った玄関の横には、鯛や平目の舞い踊りならぬ、巨大な生簀で真鯛や鰤、鯉が泳いでいる。生きたまま仕入れた魚を活造りで味わえるのだ。腕を振るうのは、この道20余年の藤森武夫料理長。「気軽に楽しんでほしい」と平日限定で懐石ランチ3150円が用意されている。

地元小平市で採れた野菜を10品目織り交ぜた真鯛のカルパッチョは、まるでフレンチのような華やかさ。土瓶蒸しや焼き物、釜炊きご飯など、季節の滋味を心ゆくまで噛みしめたい。T

メニュー

旬菜懐石コース　5250円～
素敵(ステーキ)懐石コース　6500円～
お子様用みちくさ弁当　3150円
活魚の舟盛活造り(3～6人前)16800円～

☎ 042-325-8323

住 小平市上水本町2-19-22
西武多摩湖線一橋学園駅南口徒歩15分
国分寺駅・西武線小平駅から送迎バスあり
(4名より、前日まで要予約)

営 11:00～21:30(20:00 LO)
定 年末年始
席 2～70名用お座敷個室15室、全180席
煙 分煙
P あり

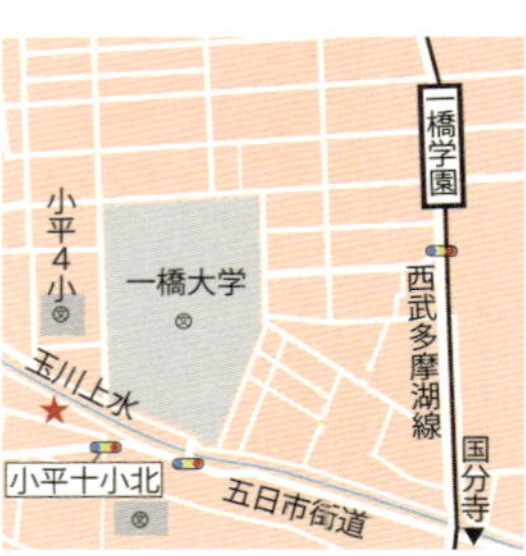

「平日懐石ランチ」(地元野菜のカルパッチョ、季節の土瓶蒸し、メイン焼き物、釜炊きごはん、香の物、留椀、デザート) 3150円。5250円の懐石コースにはさらにお造り、鉢物または揚物が付く

名門ホテル出身シェフの、絶品ビーフシチュー

洋食屋　ZEN《ゼン》

小平市 ●洋食

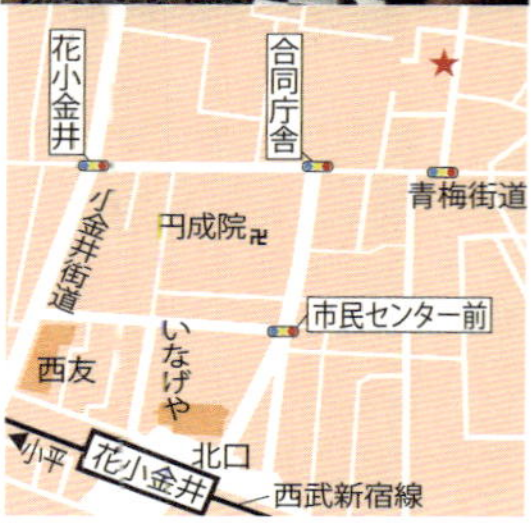

オーナーシェフ・鈴木正彦さんとうりふたつ(!?)の人形が出迎える一軒家レストラン。ハンバーグやオムカレーなどの昭和レトロな洋食メニューが850円の日替わりランチで味わえる。

「リーズナブルに提供したいが手は抜きたくない」とは、パリで修業後札幌、函館、富良野のプリンスホテルで20数年にわたり料理長を歴任した鈴木シェフの矜持。なかでも2日がかりで仕込むビーフシチューには、原価を気にせず良質な脂身をまとった黒毛和牛を厳選する。8時間じっくり煮込んだ肉塊は舌の上でトロリととろける柔らかさ。

ビタミンEが通常の数倍といわれるブランド豚、「米沢一番育ち」の豚肩ロース生姜焼きも不動の人気。ジューシーな肉汁としょうがの香り、たっぷりの付け合わせサラダでご飯も進む。T

メニュー

手作りハンバーグステーキ(180g)　900円

岩手あべ鶏のソテーイタリエンヌ　900円

☎ 042-452-7134

定 水曜

席 テーブル31席

煙 分煙(ランチ時禁煙)

P あり

住 小平市花小金井2-18-17
西武新宿線花小金井駅北口徒歩12分

営 11:30～14:30(14:00 LO)、17:30～21:30(21:00 LO)

作家ものの器と、東大和産野菜との饗宴を

Dans le champ《ダンルシャン》

東大和市 ●フレンチ

パリの星付きレストランで腕を磨いた小嶋幸雄シェフの店。近隣15の農園から届けられる旬の野菜を使ったフレンチが楽しめる。旬のものだけなので品目は少なめだが、ひとつの野菜が小嶋シェフの手に掛かれば変幻自在。例えば、大根はタラバガニと合わせてテリーヌに仕立てたり、シャーベットやソースにと洗練された逸品へと昇華する。

4500円からのディナーコースでは、すべて作家ものの器に盛りつけて提供。シェフおすすめの鮮魚料理や黒毛和牛のグリエなどと一体となった一皿は、まるでアート。60種揃うフランスワインはソムリエールの小野優子さんと相談をしながら選んで、料理とのマリアージュを楽しみたい。T

メニュー

ランチ　MenuA(前菜・主菜・デザート・パン・コーヒーまたは紅茶)　2000円

☎ 042-563-9999

定 月(祝日の場合は翌日)、第3日曜

席 カウンター5席　テーブル18席(個室対応可)

煙 禁煙

P あり

住 東大和市立野1-923-1
多摩モノレール上北台駅徒歩5分

営 12:00～15:30(14:00 LO)
18:00～23:00(21:30 LO)

「ビーフシチューア・ラ・モード」
1800円

「黒毛和牛のミスジのグリエ
イベリコ豚チョリソーのソース」
2700円

「東大和市の農園から
旬の野菜のテリーヌ」1200円

都会から隔絶された隠れ里で、炭火焼きを楽しむ

貯水池《ちょすいち》 鳥山《とりやま》

東大和市 ●囲炉裏焼

多摩湖のほとりの森の奥、夕暮れともなると点在した建家から灯りがこぼれ、まるで隠れ里のよう。「現実から離れた空間でくつろいでいただきたい」と、1964年創業から3代目の小嶋一晃さん。1500坪を誇る広大な敷地には、完全離れの個室が21棟ある。

名物は、鶏の半身を丸ごと揚げた「鳥山から揚げ」。風味を逃さないよう鶏脂を使用している。表面はカリッ、中は肉汁がたっぷりで、繊細な食感を楽しみながらほおばり、気がつけば完食！　手羽、モモ、ムネ、ササミなど全部位を存分に堪能できる。このインパクトのせいか、やみつきになったリピーターも多い。

鮎やスペアリブ、きりたんぽや野菜など山海の幸を盛り合わせた炭火串焼きも楽しめる。T

メニュー

平日限定ランチ　麦とろ定食　1000円

いろり焼盛り合わせ　1800円～

☎ 042-561-3078

定 木曜

席 200席（1～72名用、全離れ家21棟）

喫煙可

P あり

住 東大和市蔵敷1-391
多摩モノレール上北台駅から車で7分
西武狭山線西武球場前駅から車で5分
＊7名以上で最寄指定駅まで送迎サービスあり（要予約）

営 11:30～22:00（20:00 LO）

好きなものだけ、組み合わせは自由自在！

Cucina italiana《クッチーナ イタリアーナ》 Cantina《カンティーナ》

東大和市 ●イタリアン

パスタやピッツァが楽しめるログハウス風の一軒家。通常はメイン＋サラダ＋コーヒーのランチセットの定番が、ここでは自由度高く幾通りにも楽しめる。メインは、各5種あるピッツァ、パスタ、リゾットからひとつをチョイス。サイドメニューは小サラダ、フォカッチャ、ココット前菜、アイスなど6種から好きなもの3種を選ぶというシステム。「サラダだけでなくいろいろ楽しめるように」と、オーナーの中込武さん。その日の気分に合わせて、あれもこれもとわがままに選べる。

店内はいつも笑顔と会話であふれている。一番人気はローマ風薄焼きピッツァ。牛乳を加えることで生地にコクが生まれ、焼き上がりもパリッ。T

メニュー

リコッタチーズのピッツァ　650円

魚介のスパゲティ　1360円

サーモンと彩り野菜のクリームスパゲティ　1310円

☎ 042-564-4349

定 火曜夜（ランチは営業）

席 テーブル48席

喫煙可

P あり

住 東大和市中央2-1105-1
西武拝島線東大和市駅徒歩17分

営 11:30～15:00（14:30 LO）、17:30～22:00（21:30 LO）

「里の宴」
（虹マスや海老、ウズラやつくねなどの串焼き９種盛り。小鉢とサラダ付き）
3300円

「鳥山から揚げ」1700円（サラダ付き）
お土産用1260円も

「キノコと小エビのフェットチーネ まろやかなトマトクリームソース」1230円。シェアスタイルのランチセットではサイドメニューが３種類付いて、２人前2000円、３人前3000円

「お熱いのがお好き?」とろーり濃厚、チーズの味わい

Le Chalet《ルシャレー》

東大和市 ●スイス料理

アルプスホルンやカウベルを飾った山荘風の店内は、まるでハイジの世界。遠くの方からカウベルの音が聞こえてきそうだ。スイス家庭料理の代表格・チーズフォンデュは、お客の9割が注文するそう。

スイス産グリュイエールなど4種のチーズをブレンドした後、白ワインを加えてトロトロに溶かしたチーズは、のんびりしていると分離してしまうため、鍋底からパンでよくかき混ぜて食べるのが正しい方法。「遠慮せず大胆に食べてほしい」とオーナーシェフの野﨑優さん。

チーズフォンデュや牛ヒレ肉のオイルフォンデュを含む6品を5250円のコースで楽しめる。スイス産を中心に40種揃う、ワインと合わせたい。T

メニュー
ラクレット(温かいスイスチーズ) 2100円
牛ヒレ肉のオイルフォンデュ 3675円

☎ 042-565-8225
定 月曜
席 テーブル20席
禁煙
P あり

住 東大和市向原1-2-15
西武拝島線東大和市駅徒歩15分

営 11:30 ～ 15:00、17:00 ～ 22:00

風味豊かな秩父産玄そば100%で打つ、二八そばの喉越し

ふたつき

東大和市 ●和食

旧青梅街道沿い「南街入口」バス停の前に掲げる提灯が目印。茶室のにじり口を思わせる扉をくぐると、天井高のある和モダンな空間が広がっている。

秩父産の玄そば100%で作る自慢のそばは、鴨せいろや海老天そばなど約20種。なかでも一番人気がもりそばだ。二八の配合で打ったそばをさっと茹であげるのは、和食店で10年腕を磨いた川島正之さん。鯖節、宗田節、本枯節の粗削りで旨味をとった自家製つゆにくぐらせ、ひと口すればのど越し豊か、そばの甘みと風味もふわっと香る。辛口のつゆに、ついお酒も欲しくなる。

焼酎や日本酒の揃えは約30種。一品料理も充実しているので、そばダシを使った出汁巻き玉子や鮮魚の炭火焼き、お造り、天ぷらをおともに。T

メニュー
お刺身カルパッチョ 800円
海老と竹輪の磯辺揚げ 600円

☎ 042-567-8550
定 水曜
席 テーブル8席　掘りごたつ式8～12席
個室／2名用1室、6～8名用1室
喫煙可
P あり

住 東大和市南街1-39-5
西武拝島線東大和市駅徒歩7分

営 17:30 ～売り切れ次第終了

デザートより「チョコレートフォンデュ」（2人前より）1050円

「チーズのフォンデュ」1680円

「秩父産玄そば100%使用のもりそば」600円

手前から時計回りに:「ブリ大根」900円、
「自家製出汁巻き玉子」(6切れ）800円、「鮮魚のお造り」1000円

1日昼夜各1組限定、オーガニック中心のフレンチ

Restaurant《レストラン》 Les《レ》 Coquelicots《コクリコ》　東大和市 ●フレンチ

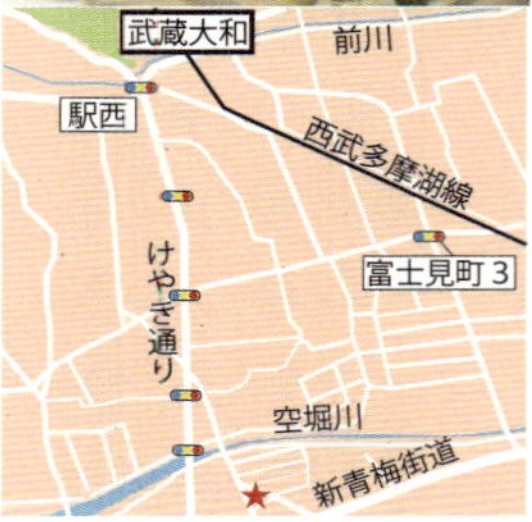

坪庭を望めるダイニングの席と室内のテーブル席を合わせても、10席という一軒家レストラン。昼夜ともに1組ずつの完全予約制なのは、「ゆったりとくつろいでいただきたいから」と、オーナーシェフの嶽村洋子さんは笑顔で語る。1998年からル・コルドン・ブルー日本校、パリの本校で学び、卒業後は現地の店で修業、帰国後にここをオープンさせた。

「体にやさしい素材を使った料理で、健康で幸せになってもらいたい」をモットーに、食材選びから妥協はなし。魚は天然、肉類は生産者の分かる国内産、野菜は有機を中心に国内各地から取り寄せる。粉の違いに惚れこみ、フランスから輸入されたパン。調味料やアイスクリームまですべてが手作り。選ばれた素材が活きた、体と心にすっと染み入るフレンチを満喫できる。T

メニュー
コース　3990円
（アミューズ・前菜・魚介料理または肉料理・パン・デザート・コーヒーまたは紅茶）

☎ **042-562-0415**　＊完全予約制
定 月・火曜
席 テーブル10席
煙 禁煙（庭のみ喫煙可）
P あり

住 東大和市清水4-1107-18
西武多摩湖線武蔵大和駅徒歩12分
営 12:00 ～ 14:30、18:00 ～ 21:30

マドモアゼルなコースは、仏蘭西のエスプリがエッセンス

La《ラ》 fleur《フルール》 de《ド》 sel《セル》　東村山市 ●フレンチ

仏・オーベルニュ地方出身のオーナーシェフ・アロワさんは、伝統的なフランス料理を作る名手。南欧風の店内の半月窓からは、立ち働く姿がうかがえる。フランス語でオーダーを読むのはホール担当、奥様の佳子さん。2人が醸す空気感は、一瞬、ここが東村山だということを忘れさせてくれる。

ランチでも1780円で前菜、メイン、デザートを各々数種から選べるコースが楽しめ、気分もちょっぴり贅沢に。遊び心を映した料理は、スパイスやハーブで皿の縁まで彩られる。皮目パリッと、白身をしっとり仕上げたスズキのポワレに海老を添えるなど、盛り付けも豪華。プラス600円でいただけるタルトなどを盛り合わせたデザートには、身も心もうっとり。T

メニュー
牛ハツのブロシェット　1250円
活きオマール海老のローストウイスキーフランベ　4500円

☎ **042-398-1833**
定 月曜（祝日の場合は翌日）
席 カウンター4席　テーブル22席
煙 禁煙
P なし

住 東村山市栄町2-5-9
西武新宿線久米川駅南口徒歩3分
営 11:30 ～ 14:00、18:00 ～ 22:00

「3990円コース」(紅芯大根のスープ、 前菜・紅玉とアボカドとたらば蟹のサラダ　ガトー仕立て 自家製マヨネーズソース 有機野菜のグリーンサラダ添え、 山形県産地鶏のファルシ 有機のほうれん草ソテー 人参のグラッセ 根パセリのピュレ添え 赤ワインソース、 フォンダンショコラ 苺と自家製アイスクリーム添え)

「ランチコース」1780円より、スズキのポワレシャンパンソース有頭海老添え(＋350円)

季節の風趣に満ちた懐石膳をお座敷個室で味わう

家庭懐石　三澤《みさわ》

東村山市 ●和食

暖簾をくぐり玄関で靴を脱ぎ通されたのは、お座敷の個室。昼は2組、夜は1組のみの完全予約制なので、のんびり料理を楽しめる。ゆっくりした時間が流れる店内だが、「仕出しもしているのでヒマなしで」とおかみさん。妹さんと姉妹で切り盛りしている。

食べることが好きで、家でできる仕事をと2001年に自宅で開業。繊細な技術と女性ならではのセンスを感じさせる料理が、独学とは驚いてしまう。桜の時期にはお花見懐石膳が用意され、四季折々をテーマにした懐石料理の一品ひと品に、季節がめぐってくるしあわせを感じる。

地元野菜をたっぷり使った炊き合わせなど、家で待っている家族のためにお持ち帰りする人も多い。 T

メニュー

旬野菜の揚げびたし　1200円～
和牛のたたき(一人前)　1050円
煮物盛り合わせ(一折)3～4人前　3800円

☎ 042-392-2280
定 不定休　＊完全予約制
席 個室2～10名用1室、2～6名用1室
禁煙
P あり

住 東村山市野口町3-4-8
西武線東村山駅西口徒歩12分

営 11:45～14:00、17:30～21:00

手打ちパスタのもっちり感も美味！ 気軽に楽しめるコース料理

Restrant《レストラン》 Collinetta《コリネッタ》

東村山市 ●イタリアン

ボローニャ風ミートソース、若鶏のジェノバ風、ボンゴレナポリ風といった、イタリア各地の代表料理が勢揃い。

約15種あるパスタ料理のなかでも、魚介系を得意とするオーナーシェフ・橋本潤二さん自慢の「つぶ貝とドライトマトの手打ちパスタ」は絶品。素材選びや魚介で取るダシにも手間とコストを惜しまないからこそ、「得意の魚介系」を活かした奥深さがある。毎日打つ生パスタは風味豊かでモッチリした食感、噛むほどに麺の旨味が実感できる。

「コース料理も気軽に楽しんでほしい」と、昼は1750円のパスタコースがある。サラダ仕立ての前菜をはじめ、海老やムール貝など5種類の魚介をたっぷり盛り込んだトマトソースのパスタ、〆の自家製ドルチェも美味。夜は鴨肉や和牛を使ったフルコースも。 T

メニュー

マグロのブレザオラ　900円
自家製手打ちパスタ　1200円

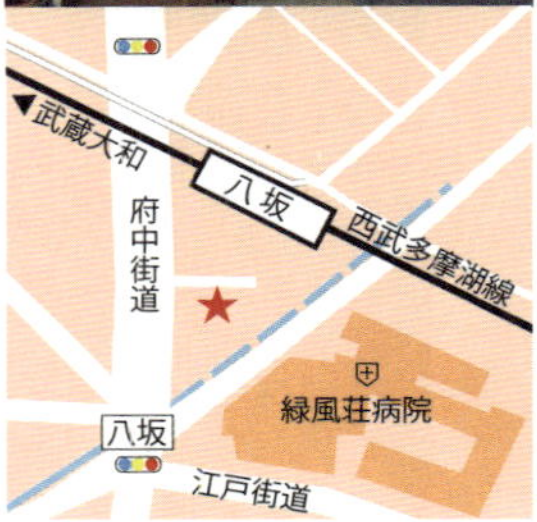

☎ 042-398-4383
定 火曜(月曜のディナーは月に1度臨時休業)
席 テーブル16席
禁煙
P なし

住 東村山市栄町3-18-27
西武多摩湖線八坂駅徒歩2分

営 11:30～14:30、17:30～21:00

「お花見懐石膳」
（前菜、造り、煮物、鯛の桜蒸し、ご飯、吸物、水菓子）2500円

「シェフコース」（前菜5種盛り合わせ、 ツブ貝とセミドライトマトのキタッラ、鴨肉のソテーバルサミコソース、デザート、コーヒー）3200円の一例

「お昼のパスタコース」（前菜のサラダ仕立て、魚介たっぷりのペスカトーレ、 本日のデザート、コーヒー）1750円

中国人料理長が創作する、日本人向けのチャイニーズ料理

彩《さい》雅《か》

東村山市 ●中華

ここを訪れたら、迷わず注文したいのが鉄板餃子。具は豚肉とニラのみで、特製の皮で棒状に包んで焼き上げる。1本10センチの特大サイズを、蒸さずに鉄板で焼き上げるところが特徴だ。表面の皮はパリッパリで、粗挽きだから肉の食感もしっかり。かじると熱々の肉汁があふれ出すので、やけどにご注意。採算度外視の5本619円の良心価格には驚いてしまう。多くの方に食べてもらって「この味を守る」のが、店長の貫井由美子さんの願い。

料理長の楊家軍（ヤン・ジャジン）さんが腕を振るう本格中華は、まだまだ多種多様。イカ墨ソースを使った真っ黒な麺に半熟玉子がとろ～りの「東村山黒焼きそば」は、「地元どんこい祭り2010」でご当地グルメグランプリを受賞したという。町おこしの気運にのった、Aランクの「B級グルメ」だ。T

メニュー

- 黒ゴマ入り担々麺 976円
- 車エビのチリソース 1890円
- 海鮮あんかけラーメン 1155円
- 麻婆豆腐 892円
- フカヒレの姿煮 5229円

☎ 042-392-5505

住 東村山市栄町2-39-18　フローラルマンション1F
西武新宿線久米川駅南口徒歩4分

営 11:00 ～ 15:00（14:30 LO）、17:00 ～ 22:30（22:00 LO）
定 火曜（祝日の場合は翌日）
席 テーブル100席（立食120名）
禁煙（店外喫煙所あり）
P あり（竹田屋パーキング・飲食3000円で1時間、5000円で2時間サービス）

「東村山黒焼きそば」1029円

「鉄板餃子」（棒餃子）
5個619円、
8個945円

イベリコ豚、鴨、鱒、天然仔猪……どれにしようかな？

パリの食卓 Chez《シェ》あけがわ

東村山市 ●洋食

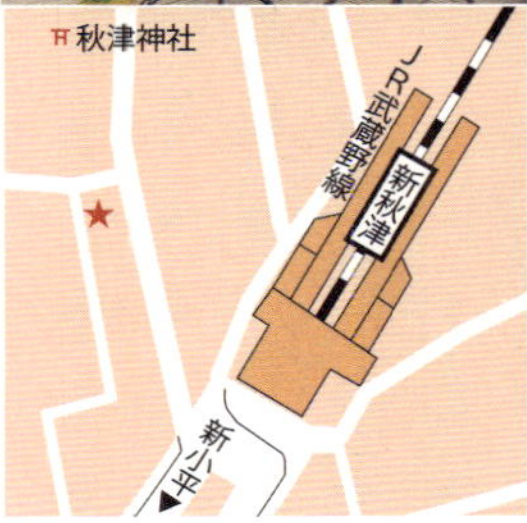

昼も夜もコース仕立てのみ。といっても、かしこまらなくても大丈夫。気軽にお腹を満たせるビストロだ。前菜とメインが数種あるなかから選べるので、組み合わせを考えるのが楽しい。迷ったらこれ、とオーナーシェフ明河賢二さんがおすすめするのはサラダ仕立てのオードブル。鴨のスモークや鶏のガランディーヌ、鱒のテリーヌの3種と、近隣農家から仕入れる野菜や自家製ハーブがこんもり。彩り、香り、食感のバランスがよく、一皿にいろんな味覚が満載だ。

　メインには、定番・牛肉の赤ワイン煮込みを。4時間煮込んだホホ肉は繊維質がホロホロほどける柔らかさ。2007年の開店以来、継ぎ足し続けるコクと旨味が凝縮されたデミグラスソースとの好相性に、赤ワインも進む。T

メニュー

ランチコース　ブルー（地元野菜たっぷりの食べるスープ・メイン・デザート・コーヒー）　1260円

☎ 042-308-0039

定 月、第4火曜
席 カウンター7席　テーブル8席
禁煙
P なし

住 東村山市秋津町5-25-91
JR武蔵野線新秋津駅徒歩1分

営 11:30 ～ 13:30、17:30 ～ 22:00（20:30 LO）

初めて知る京野菜、名前を覚える楽しみも

おまかせ料理　田中

東久留米市 ●和食

予約制で昼も夜もおまかせコースのみ。というと高級なイメージだが、10品3465円からと安心して行ける店。「いろいろ食べ比べた結果、一番おいしいから」と、主役に京野菜を選んだご主人の田中隆さん。ねっとり甘い海老芋には柚子味噌を合わせて爽やかに、京菜の花のおひたしにはほのかに辛子をきかせるなど、素材の旨味を最大限に活かした料理が次々と登場する。懐石の店ではめずらしく、序盤で登場する天ぷらは海老の弾むような食感を残してすり潰し、湯葉で包んで揚げた衣はサックリ。最初はそのまま、次は塩でいただくとしみじみ味わえる。また、希少な京都産の天然じゅんさいや、岩梨など珍しい和食材との出合いも、楽しみのひとつ。T

メニュー

ミニ懐石　3150円
おまかせ料理四季の味　5250円～
＊別途サービス料10%

☎ 042-476-0251

定 月曜
席 カウンター10席　テーブル10席
お座敷／個室2～4名用1室、4～6名用1室
禁煙
P あり

住 東久留米市前沢5-24-22
西武新宿線花小金井駅北口から
バスで「滝山団地入口」下車

営 12:30 ～ 14:30、18:00 ～ 21:30

「ディナーコース」より、
サラダ仕立てのオードブル盛り合わせ

「ディナーコース」（オードブル、メイン、パン、本日のデザート、コーヒー）2940円の一例。牛肉の赤ワイン煮込み（＋630円）

「ミニ懐石コース」3000円のコース（＋税）（京菜の花辛子和合、胡麻豆腐桜味噌、汲み湯葉アボカド、揚げ物、お造り、人参スープ、海老芋柚子味噌かけ、粟麩揚げ出し青唐海老、筍ご飯、苺やし糖かけ）。

とろり煮込んだタンシチュー、半日炒めたオニグラも美味！

来夢亭《くるめてい》

東久留米市 ●洋食

柱梁などに古材を再利用し、風情を残した古民家風の一軒家。まるでヨーロッパの片田舎に来たような感覚に。

２０００年に独立した、栗原周二さん。来夢亭（くるめてい）と読ませるネーミングに地元への愛を感じる。ハンバーグやカツレツが看板メニューだが、赤ワインとフォンドボーで3時間煮込んだ牛タンシチューは外せない。とろりとしたデミグラスソースをまとい、厚切りなのに柔らかく、思わず頬がゆるむ。

深いコクと甘みが引き出されたオニオングラタンスープは、隠れた逸品。10キロ分の玉ねぎを、食感を残しつつも半日かけて飴色になるまで丁寧に炒めている。香ばしいとろーりチーズの下は、思った以上に具だくさん。 T

メニュー

来夢亭風ハンバーグ　１０５０円
天然海老と帆立のアメリケーヌ　１３６０円
牛フィレステーキ（１５０ｇ）　１４７０円

☎ **042-472-4129**

定 月曜（祝日の場合は翌日）
席 テーブル36席
禁 禁煙
P あり

住 東久留米市中央町1-14-3
西武池袋線東久留米駅西口徒歩10分

営 11:30 ～ 15:00、17:00 ～ 21:30（21:00 LO）

正統派フランス料理を気軽に、一期一会なレストラン

Petite Point《プティ ポアン》 JONEN《じょうねん》

清瀬市 ●フレンチ

店名のＪＯＮＥＮ《じょうねん》は、オーナー夫妻の出身地、安曇野・常念岳から。山稜の景色に思いを馳せながら、本格フレンチが味わえる。腕を振るうのは、名門ホテルの料理長を経て１９８６年に独立した宮澤勝美さん。この道50余年のベテランだ。過去の来店時の注文内容や好みを書き込んだゲスト帳をもとにしたもてなしは、訪れるごとに新しい料理との出合いをもたらしてくれる。

人気は、霜降りの美しい宮崎産４等級Ａクラスの黒毛和牛サーロインステーキがメインのコース料理。５０００円という価格に驚く。口に含むとジュワッと広がる肉汁、柔らかさ、香ばしさをまとったミディアムレアで口福に。９～２月には安曇野リンゴをふんだんに使った、タルトタタンが登場。 T

メニュー

日替わりランチ　９８０円
（スープ・料理・サラダ・ライス・コーヒー）

☎ **042-493-2262**　＊ディナー時　要予約

定 木曜
席 テーブル20席
禁 禁煙
P あり

住 清瀬市松山2-13-11
西武池袋線清瀬駅南口徒歩5分

営 11:30 ～ 14:00、17:00 ～ 21:00（20:30 LO）

「牛タンシチュー」1520円。ディナーセット（オードブル3種盛り合わせ、ポタージュスープ、パンorライス、盛り合わせデザート、コーヒー or紅茶）＋1260円

「三陸産の牡蠣とほうれん草のグラタン」
1480円

コース（オードブル、スープ、宮崎牛4等級Ａクラスサーロインステーキ、サラダ、デザート、パン、コーヒー）5000円の一例

ふわっふわの食感・コク・甘み・酸味の、超特大ハンバーグ

ハンバーグとチキンのお店 タンタン

清瀬市 ●洋食

思わず目を見張る、超特大サイズ！1ポンド（450グラム）のハンバーグがのるとお皿が小さく見えてしまう。

両面に焦げ目をつけて焼いた後、オーブンでじっくり火を入れる。ナイフを入れると、デミグラスソースの下からジュワ～ッと肉汁があふれ出てくる。「意外にあっさりしているから」と店長の宮徳弘さんが微笑む。ひとりでは無理と思いながらひと口頬張ると、どんどん食べ進めてしまい、気がつけば完食。店長の先ほどの笑顔に納得した。

挽肉と飴色になるまで炒めた玉ねぎの甘みとコク、隠し味として酸味づけに少しのケチャップ、こころ憎い味だ。

学生からご年輩まで、年齢不問の常連で賑わっている。[T]

メニュー

さくさくカニコロッケ　870円
ビーフストロガノフ　1000円
まかないプレート　800円
鉄板ハンバーグorチキン　800円～

☎ 042-495-9805
定 木曜
席 テーブル18席
煙 喫煙可
P なし

住 清瀬市松山1-15-6　宮ビル1F
西武池袋線清瀬駅南口徒歩2分

営 11:00 ～ 20:00

上品でやさしい広東料理を、チャペルのある庭園を眺めながら

中国料理 花《か》林《りん》

昭島市 ●中国料理

クリーム色のテーブルクロスが、フロアに咲く花のよう。あたたかさがふわっと満ちるチャイニーズダイニング。大勢で円卓・大皿を囲むスタイルを一新、さまざまなメニューを銘々皿と取り分け皿の組み合わせで提供するコースが好評だ。

白い食器に鮮やかな食材の彩りが映える料理は、すっと体に馴染むやさしい味付けに仕上がっている。「お年を召されたお客様も気に入ってくださいます」とマネージャーの平野さん。ランチタイムは9割女性グループで、友だちに誘われて来店し、今度は自分がまた別の友だちを誘って来店するという。

優雅な食事と一流ホテルのサービスで過ごす非日常の時間。ブローチひとつ分、いつもより装って訪ねたい。[M]

メニュー

ディナーコース（2名～）
「料理長おすすめコース」　8400円

☎ 042-542-7300
定 無休
席 テーブル52席　個室テーブル36席（3部屋）
煙 禁煙
P あり

住 昭島市昭和の森　フォレスト・イン 昭和館1F
JR青梅線昭島駅北口徒歩７分
＊北口ロータリーよりシャトルバスあり

営 11:30～14:30、17:30～21:00
土日祝11:30～21:00

「特製ハンバーグの鉄板焼
1ポンド」(450 g) 1250円、
「ハーフポンド」(225 g)
950円

ランチコース「百合一 YURI」4830円
(2名〜)より、芝海老と腸詰の炒め、
冬筍と華椎茸のオイスターソース煮込み

本格的なイタリアンと、自分好みのお酒に酔いしれる

OSTERIA《オステリア》 BAR《バー》 TONY《トニー》

昭島市 ●イタリアン

本格的なバーで、ランチタイム営業はめずらしい。パスタやピッツァのセットにつく自家製クルミパン、さわやかな酸味がきいている手作りドレッシングに至るまで、手間がかかっている。夜の外出はちょっと…という女性は、昼間でもバー気分を味わえる。

そして夕暮れを迎え大人の時間になると、ライト＋キャンドルで明暗のメリハリが演出され、気分が高まる。本格的なバーテンダーの方と会話しながらカクテルをオーダーして、昼間がんばった自分にご褒美をあげる至福のひととき。

豊富な酒類はリーズナブルで、これも長年地元で続いた店だから。手の込んだイタリアンを酒の友に、ゆったりと夜は過ぎてゆく。N

メニュー

ディナー

いろいろ野菜の菜園風トマトソーススパゲッティー　1365円

☎ **042-544-0140**

定 火曜

席 カウンター６席　テーブル18席　個室1（4名）

喫 喫煙可（ランチ時禁煙）

P なし

住 昭島市昭和町2-5-3　昭島センタービル1F
JR青梅線昭島駅南口徒歩１分

営 11:30～14:00（13:30 LO）
17:00～翌2:00

昭島の地下水100%の水が活きる、ピュアなイタリアン

ラ・ファーロ

昭島市 ●イタリアン

店名の「ラ・ファーロ」はイタリア語で「灯台」の意味。暗い夜にも店の灯りに導かれて、さまざまな食材やお客が来てくれることを願っての命名。

メニューを見ると、ミラノ、フィレンツェ、ローマといったコース名に胸がときめく。アラカルトも豊富で、100種類はありそうなほど。手作りにこだわり、パスタのトマトソースなどに使うイタリア産トマトサンマルツァーノ種が、奥深い酸味と甘みを生んでいる。

デザートの乳脂肪分が少ないジェラートは、常時10種類が揃う。ほかのレストランやホテルから引き合いもあるそう。地下150メートルから汲み上げる深層水を使って作る、「バラのジャム」が最新作。ジェラートにつけて試食し、おみやげに買って帰る人も。N

メニュー

チーズ三種のリゾット　1100円

☎ **042-546-1222**

定 火曜

席 テーブル24席

喫 禁煙

P あり

住 昭島市武蔵野3-2-51
JR青梅線中神駅北口徒歩12分

営 11:30～22:00（21:00 LO）

ランチ「Aセット・ラザニア」（ラザニア、グリーンサラダ、パン、コーヒー or 紅茶）1000円　＊パスタ or ピッツァも選べる

「夜ランチセット」好きなメニュー＋500円（本日の前菜、ガーリックトースト or チーズトースト or パン）　＊ワタリガニのスパゲティートマトソースの場合1760円。前菜は日替わり

今日の佳き日、この食事がいつまでも記憶に残りますように

日本料理　昭和《しょうわ》の森《もり》 車屋《くるまや》

昭島市 ●和食

春はしだれ桜や池のカルガモ、夏はまぶしい緑、秋は紅葉。この庭の風景を眺めながら、四季の贅を尽くした日本料理をゆっくりと心底満喫できる。

朱のお盆で運ばれる会席料理、お刺身の妻物ひとつとっても目を凝らして熟視したくなる小さな技が散りばめられる。まあ、こんなところにもと、粋な仕事に息をのむ。月替わりの料理を引き立てる器も愛でつつ五感で味わうと、食文化が奥深い日本に暮らす喜びを感じずにはいられない。季節をひと足もふた足も先取りする食材は、野菜は築地市場から、鮮魚は九州の漁港から届く。

喜寿や米寿のお祝い、結納やウエディングなど人生の節目になる宴にふさわしく、着物で訪ねたい和空間。M

メニュー

お手軽弁当　点心　3150円
（平日11時半～15時）
しゃぶしゃぶコース　9450円
ヒレステーキコース　10500円
＊サービス料別途

☎ 042-542-3333（代表）

住 昭島市昭和の森　フォレスト・イン 昭和館1F
JR青梅線昭島駅北口徒歩７分
＊北口ロータリーよりシャトルバスあり

営 11:30～22:00
定 無休
席 メインダイニング／テーブル64席
個室／テーブル40席　掘りごたつ20席
大広間／お座敷80席　お茶室「楽只庵（らくしあん）」
禁煙
P あり

季節の会席料理「雪」
7875円の一部

非日常の世界に、おしゃれして出かけてみよう

French《フレンチ》 SAKU《サ》＊《ク》LA《ラ》

福生市 ●フレンチ

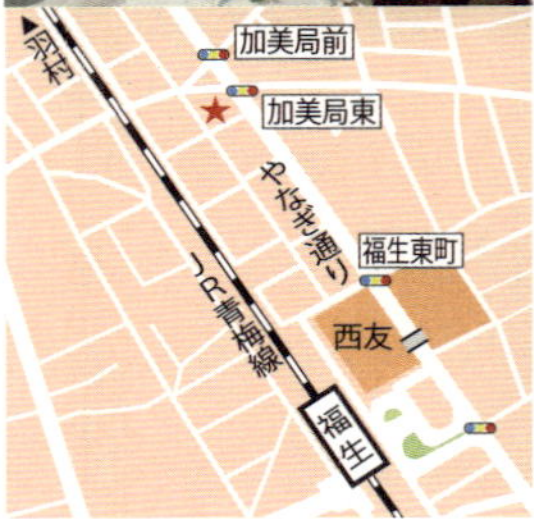

福生駅からほど近く、路地に入りドアを開けると色鮮やかな店内が現れる。アンティークのシャンデリアが揺れると、光と影も追いかけてくる。その輝きの下には、マイセンやノリタケの陶磁器に盛られるにふさわしい繊細な料理が。

「料理のこともワインのことも、なんでも聞いてください」とマネージャー兼ソムリエの伊藤さんに声をかけられると、ほっと心がほどける。敷地内のワイン小屋には300銘柄を貯蔵してあるとのこと。レクチャーを受け、いつもより心と体にワインが染み込んでいく感覚になる。「上質のサービス」とは、居心地の良さを指すのだろうか。そんな気持ちになるレストラン。 N

メニュー

プリフィックスランチ　Aコース(前菜・魚料理または肉料理・デザート・コーヒーまたは紅茶)　2800円〜

*サービス料別

☎ **042-552-0770**

定 水、第2週目火曜

席 1F／テーブル24席
2F／カウンター6席　テーブル16席　シガールーム5席

煙 1F禁煙、2F喫煙可

P あり

住 福生市東町14-3
JR青梅線福生駅東口徒歩4分

営 1F／12:00〜15:00(14:00 LO)
18:00〜23:00(21:00 LO)
2F／18:00〜23:00(21:00 LO)

アメリカンなまちで愉しむ、スパイシーなメキシカンメニュー

ノースカフェ

福生市 ●多国籍料理

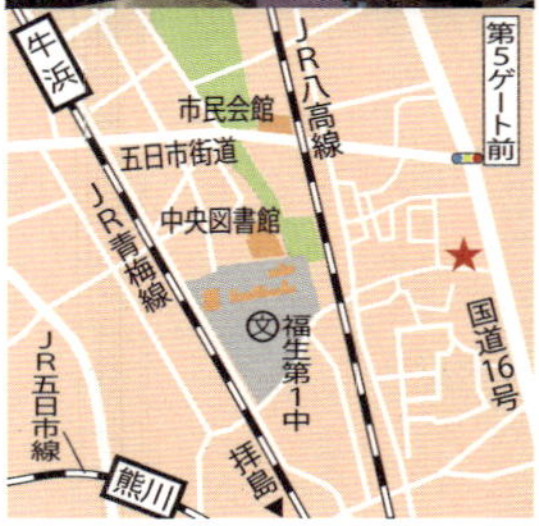

スパイスに興味をひかれ、メキシコ料理店を開いた店主・太田さん。一番人気は「チキンブリトーランチプレート」。国産のチキン、豆のソース、チーズを小麦粉のトルティーヤで巻き、オーブンで焼き上げたもの。ソースはすべて手作りで、サルサ・ワカモノ(アボカドベース)・サワークリームの3種のソースがトッピングされている。皮はパリッと、中はもっちりとしながら豆のソースが良いアクセントになっている。ソースが飽きを感じさせないのは、太田さんがお客の反応を見ながら日本人にも食べやすくした工夫の結果だ。

まもなく、メキシコにこだわらずスパイスにつながる中東やアジアの料理も出していく予定とのこと。 N

メニュー

ランチ

グリーンカレー(ドリンク付き)　1155円

チキンケバブサンド(ドリンク付き)　1155円

☎ **042-539-5645**

定 水曜

席 カウンター7席　テーブル20席(オープンテラスあり)

煙 喫煙可

P あり

住 福生市熊川1117
JR青梅線牛浜駅徒歩10分
JR五日市線熊川駅徒歩10分

営 11:30〜16:00(15:30 LO)
17:00〜21:00(20:30 LO)

「プリフィックスディナーコース」（アミューズ、前菜、魚料理or肉料理、デザート、コーヒーor紅茶、小菓子付き）5000円〜の一例＊サービス料別

「チキンブリトーランチプレート」（サラダ、スープ、ドリンク付き）1155円　＊ランチタイムのみ

大多摩ハム直営のドイツ風ビアレストラン

シュトゥーベン・オータマ

福生市 ●ドイツ料理

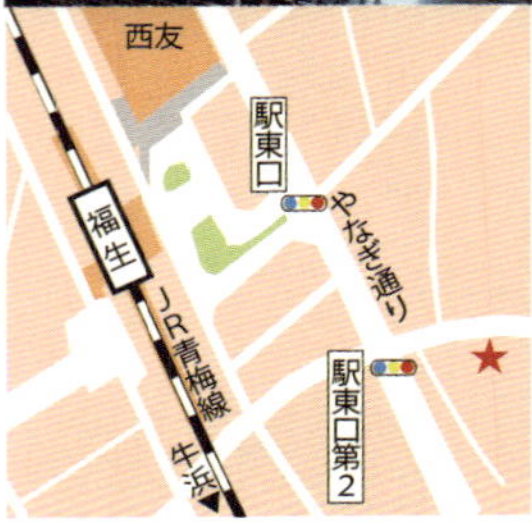

福生駅のすぐそばながら、まるで観光地にあるような赤い三角屋根のレストラン。がっしりとした重厚な階段をわくわくしながら上ると、高い天井にシャンデリアが輝き、ベルギー製レンガの壁が異国を感じさせる。隣に見学できる工場があり、1階の売店ではフレッシュなハムやソーセージが販売されている。

ブランド豚「TOKYO-X」が、バリエーション豊かに姿を変えて登場する。ステーキは脂身がとろけるおいしさ。「東京うこっけいハム」も、やはり名門出である味わいの底力がある。ソーセージ、ザワークラフト、アイスバインなど、ドイツ料理の定番も勢揃い。 N

メニュー

ランチ
福生ドッグ（スープ付き） 630円
ディナー
アイスバイン 3129円

☎ **042-551-1325**

定 火曜
席 テーブル50席
喫煙可（ランチ・土日祝夜は禁煙）
P あり

住 福生市福生785
JR青梅線福生駅東口徒歩3分

営 11:30〜14:30（14:00LO）、17:00〜21:30
土日祝11:30〜15:30（15:00 LO）、17:00〜21:30

和風な造りの店内で気楽にフレンチを

フランス厨房《ちゅうぼう》 ベルエレーヌ

福生市 ●フレンチ

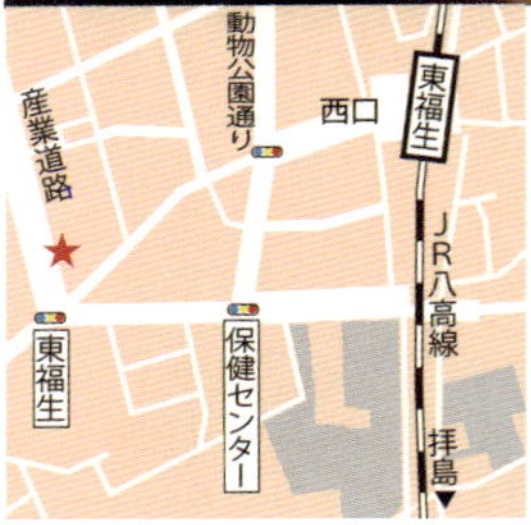

オーナーシェフの上条さんが、1998年に蕎麦店を改築してオープンさせた。フレンチを気軽に食べてほしいと、あえて和風にこだわった。そのため店内には小上がりもそのまま残され、ほっとできる雰囲気。

ランチコースの人気メニューが「和牛ほほ肉の柔らか煮」。黒毛和牛にこだわり、じっくり煮詰めたソース「グラス・ド・ビアン」は、濃厚でありながらしつこさがない。箸を使えば、ほろほろと肉の繊維がほどけていく。料理はバターや生クリームを使わないあっさり味で、繊細な盛り付けが持ち味だ。

上条シェフひとりですべての料理を作り、配膳まですることもあるため、来店前に一度連絡を。 N

メニュー

ランチ
ハーフコース（前菜・スープ・魚料理
または肉料理・パン・デザート・
コーヒーまたは紅茶） 1500円

☎ **042-553-9806** ＊要問い合わせ

定 水曜
席 テーブル16席
禁煙
P あり

住 福生市武蔵野台1-5-17
JR八高線東福生駅徒歩3分／JR青梅線福生駅東口徒歩7分

営 11:30〜15:00（13:30 LO）、17:30〜22:00（21:00 LO）

「TOKYO - Xランチ」(ハム、ウインナー、ベーコン、フィレカツ盛り合わせ、スープ、サラダ、ライスorパン、コーヒーor紅茶) 1470円

ランチ「フルコース」(前菜、スープ、魚料理、肉料理、パン、デザート、コーヒーor紅茶) 2300円

つい長居したくなる、まちの洋食屋さん

ビストロ むく

福生市 ●洋食

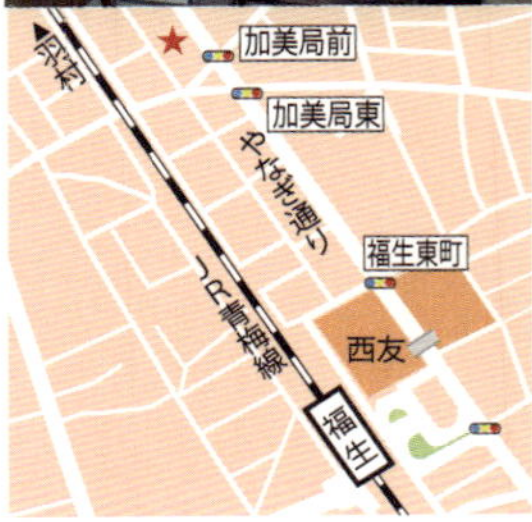

本来の野菜の味を知って欲しいからと、旬のものを中心に使う。メイン＋パンまたはライス＋飲み物の基本セットで1100円。単品料理に指定し、コースでいただくのがおすすめ。サイドメニューをどこまで追加するかでどんどん豪華になり、おいしさとの相乗効果が上がる。

「むく」は、漢字で書くと無垢。大工さんが使う本物の木の意味と、いつまでも「おもてなしの心を大切にしたい」という初心を忘れないようにと、店主・諸橋さんが名付けた。人気の秘密はここにあるのだろう。

大きな木をモチーフにした看板、木目を生かしたあたたかみのある店内で、お客がリラックスした雰囲気でおしゃべりを楽しんでいる。N

メニュー
むく風ハンバーグセット（パンまたはライス・コーヒーまたは紅茶付き）　1450円

☎ **042-551-7786**
定 不定休
席 テーブル22席
禁煙
P あり

住 福生市加美平2-1-8
JR青梅線福生駅東口徒歩6分

営 11:00～15:30(14:30 LO)、17:00～22:30(21:30 LO)

体にやさしい食材にこだわりあり、のイタリアン

イタリアンレストラン CRESCERE《クレッシェレ》

羽村市 ●イタリアン

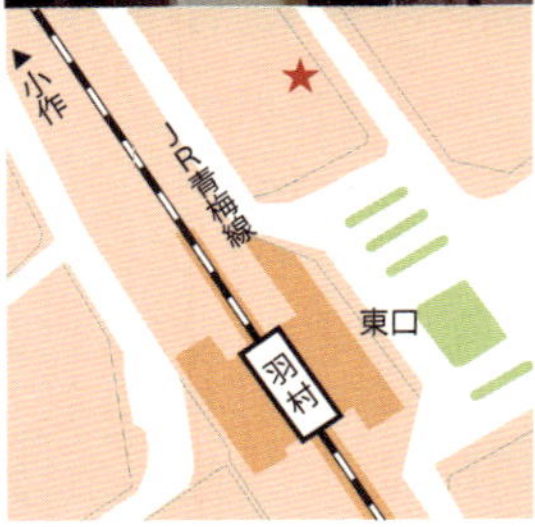

羽村駅からすぐ、2008年にオープンしたイタリア料理店。店名の「クレッシェレ」は、イタリア語で「伸びていく」という意味。オーナーシェフ・清水和久さんの、料理もお店も良くなっていきたいという思いが込められている。

ランチのペペロンチーノには旬の野菜が散りばめられている。彩りの美しさとともに、ひと口かじると自然な野菜の甘みがふわっと広がる。

「とうきょう特産食材使用店」の登録証を持っており、積極的に地元の食材を取り入れているのも特徴のひとつ。「おいしいだけではなく、安全なものを提供していきたい」と清水さん。N

メニュー
やわらか牛タン　787円
ひき肉とじゃがいものチーズ焼き　1155円

☎ **042-578-3368**
定 第3・4日曜
席 カウンター4席　テーブル21席
喫煙可
P あり（コインパーキングのチケットあり）

住 羽村市五ノ神4-15-11　シティプラザはむら1F
JR青梅線羽村駅東口徒歩1分

営 11:30～16:00(15:30 LO)、17:30～23:00(22:00 LO)

「むく風ロールキャベツセット」（パンorライス、コーヒー or紅茶）1370円

ランチ「季節のいろいろ野菜のペペロンチーノ」（サラダ、コーヒー or紅茶） 1050円

庭園のテラス席で、オーガニックなランチタイムを

PIZZERIA《ピッツェリア》 ZONAVOCE《ゾナヴォーチェ》

羽村市 ●ベーカリーレストラン

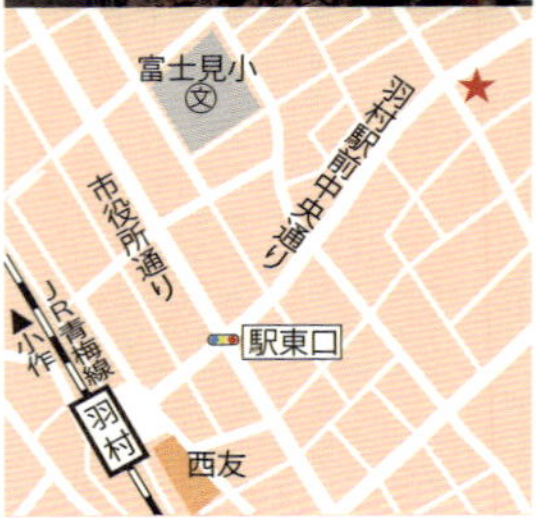

店内中央に鎮座する、煉瓦を積み上げた大きな石窯は働き者。薪ならではの火力でじっくりと焼き上げた天然酵母パンを満喫できる「薪石窯パンランチ」は、各種スープやパスタをチョイスし、ビュッフェ形式で薪石窯パン、サラダ、ドリンクが付く。また、ピッツアメニューも充実している。

生パスタは自家製麺。イタリア産小麦を使い、もちっとした食感だ。チーズやトマトソースもイタリア産。有機栽培の野菜など、本物志向の地元スーパー・福島屋グループが母体ならではの食材入手ルートがあるからできること。「素材を吟味すればおいしさにつながり、それが安心安全、幸せにもつながると思っています」と、料理長・影山さんの言葉は力強い。N

メニュー
ピッツァ　マルゲリータ　1000円
ピッツァ　ビアンケッティ（釜揚しらす）1400円

☎ **042-570-0744**
定 年末年始
席 テーブル70席
喫 喫煙可（ランチ時禁煙）
P あり

住 羽村市五ノ神2-3-2
JR青梅線羽村駅東口徒歩10分

営 11:30～15:00（14:30 LO）、17:30～22:00（21:00 LO）

まさに隠れ家、迷っても行きたいシチューの名店

レストラン K & K《ケーアンドケー》

青梅市 ●洋食

木がふんだんに使われたロッジのような店内でいただくのは、店主・河原崎勝美さんが研究しつくしたシチュー料理。トマトをベースにしたフランス風のものをはじめ、ロシア風、イタリア風などさまざま。スイス風は、さっぱりとしたトマトの酸味とチーズが溶けあい、大ぶりの牛肉がたっぷり入っている。定食に付くサラダのドレッシングとデザートは、妻・まゆみさんの手作りだ。

シチューの煮込みに4~5時間かける河原崎さんだが、気負いはない。「今ある材料で、一番おいしいものを作れるかが大事」とさらり。ピカピカに磨き上げられた厨房を拝見するだけでも、丁寧な仕事ぶりがうかがえる。N

メニュー
ハンバーグのチーズ焼き　750円
ハンバーグのカレーシチュー　1000円

☎ **0428-24-4892**
定 火曜
席 テーブル20席
喫 喫煙可
P あり

住 青梅市河辺町6-6-34
JR青梅線河辺駅南口徒歩10分

営 11:30～14:30（14:00 LO）、17:00～22:00（21:00 LO）

「薪石窯パンランチ」（料理、薪釜パン、サラダ、フリードリンク）館ケ森高原豚のラグータリアッテレの場合　1200円
＊ランチメニューは季節により替わる

「ビーフシチュー　スイス風定食」（サラダ、ライス、デザート、コーヒー or 紅茶）1600円

ちょっと贅沢したいときに立ち寄りたい、フランス料理店

PLEIN CIEL《プランシエル》

青梅市 ●フレンチ

ＪＲ青梅線の河辺駅から歩くとほどなく、ひときわ目を引くサーモンピンクの外観が見えてくる。本格的なフレンチながら、ランチコースが1575円からとリーズナブルな料金で楽しめる。コースには10種類以上の野菜がつく。そのヘルシーさから、コース料理がするするとお腹におさまってしまう。

若いオーナーシェフ・蓮見さんの「子どもたちにもフレンチを味わってほしい」という希望から、お子様用ワンプレート（小学生以下）が用意されている。「料理に対していつも誠実でありたい」と語る、蓮見さんの真面目さと懐の深さが感じられる店だ。 N

メニュー

ディナー

フルコースA（パン・アミューズグール・本日のオードブル・スープ・魚料理・肉料理・デザート・カフェ・小菓子） 5880円

☎ 0428-20-8577

定 月曜

席 テーブル54席

禁煙

P あり

住 青梅市河辺町9-8-9
JR青梅線河辺駅北口徒歩7分

営 11:30～15:00（14:00 LO）、17:30～22:00（21:00 LO）

気がねいらずのカウンターで、新鮮魚介料理に舌鼓

すし市場 なか安 青梅店

青梅市 ●和食

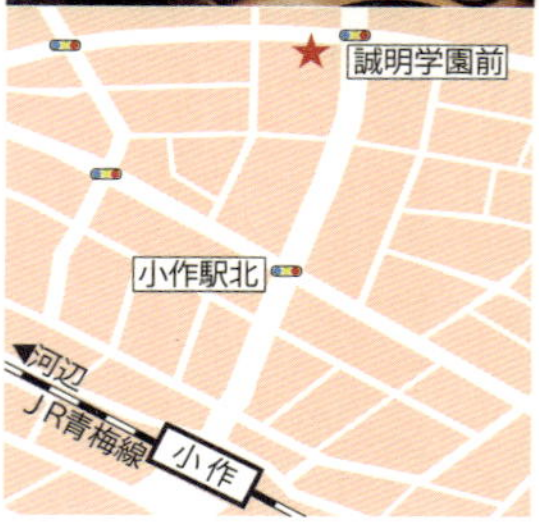

地元のお客が多く和やかな雰囲気なので、初めて訪れても緊張せずにカウンターでくつろげる。ネタは築地直送という寿司店は多いが、この店は地元の市場と使い分けて仕入れ、「時価」が安定するようにしているそう。

地酒などをゆっくりと飲みながら刺身や天ぷらをいただき、最後の〆としてお好みの鮨をいくつかつまむという、贅沢な楽しみ方も。店内の短冊にある「本日のおすすめ」で知らない魚名を見つけたら、カウンター越しに職人さんに聞いてみよう。

宴会コース料理は4200円～8400円。いろいろな場面に対応できるスペースがあるので、祝いの席や法事にも頼りになる存在。 N

メニュー

海老と旬野菜の天ぷら 690円

海鮮サラダ 680円

あら煮大根 480円

☎ 0428-32-2255

定 無休

席 カウンター18席　テーブル12席（半個室）
1F座敷50名／2F座敷80名

喫煙可

P あり

住 青梅市新町3-17-10
JR青梅線小作駅東口徒歩6分

営 11:30～14:30（14:00 LO）
17:00～22:00（21:30 LO）
土日祝11:30～22:00（21:30 LO）

「ランチの特選フルコース」（アミューズグール、本日のオードブル、季節野菜のポタージュ、本日入荷の白身魚、牛フィレ肉とフォアグラのステーキ ポルト酒のソース、デザート、プチフール・カフェ） 5880円

ランチ「煮魚定食」（ご飯、味噌汁、 刺身、 茶碗蒸し、香の物） 997円
＊煮魚の種類は日替わり

リピーターの多さが物語る本場イタリアンの味

レストラン トスカーナ

青梅市 ●イタリアン

店主・佐々木登さんは、銀座や六本木で修業したのちにイタリア・トスカーナ地方のコモ湖畔で腕を磨いてきた。店を開いた1978年当時、青梅の地では本場仕込みのイタリア料理はなかなか受け入れられなかったそう。「お店もお客様と一緒に成長してきたのです」と、佐々木さん。

人気のピッツァの生地やソースは自家製で、チーズは2種類をブレンドしてあるため濃厚で奥深い味だ。ワインは、リーズナブルなイタリア産が揃っている。

店内に飾られた絵などは、佐々木さんの娘・裕子さんの作品。控えめに灯された照明とともに、ほっと落ち着ける雰囲気作りに一役買っている。N

メニュー
カネロニ(イタリア風春巻き) 990円
シェフのイタリア風ハンバーグ 990円

☎ 0428-24-3755
定 月曜
席 テーブル28席
禁煙
P あり

住 青梅市河辺町10-5-4 1F
JR青梅線河辺駅北口徒歩6分

営 11:00～15:00(14:00 LO)、17:00～21:30(21:00 LO)
日祝11:00～21:30(21:00 LO)

わくわくと、江戸の幽玄を小旅行

懐石・ギャラリー 燈々庵《とうとうあん》

あきる野市 ●和食

茅葺きの長屋門を抜けると、竹林の小路が続く。150年前に建てられたという穀物蔵を改築した、歴史ある建物が見えてきた。重厚な扉の向こうは江戸時代。ゆったりした安心感はタイムスリップしたから? 陶磁器や漆器が配置されたギャラリーを抜けると、どっしりとした木のカウンターが現れ、いよいよ食の空間へ。

「料理の演じるストーリーをお客様に感じていただけたら」と支配人の高水さん。旬を活かした懐石料理は、竹や季節の草花をあしらうなど繊細な心づかいで、箸をつけるのがもったいないほど。分量は控えめだが、美しさをゆっくり眺め、食材の種類の豊富さで心まで豊かになる。N

メニュー
昼 正午懐石 4725円〜
夜 懐石 6300円〜
(サービス料別)*できれば予約を

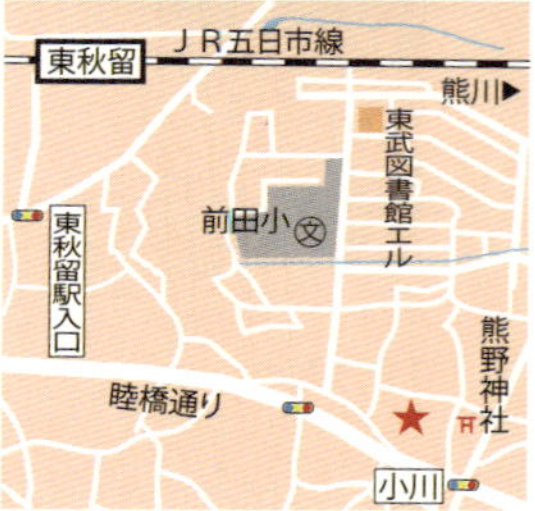

☎ 042-559-8080
定 火曜(祝日の場合は営業)
席 カウンター15席 テーブル32席(西側新館32席)
禁煙
P あり

住 あきる野市小川633
JR五日市線東秋留駅徒歩10分

営 11:00～16:00(15:00 LO)
17:00～22:00(20:00 LO)

「ミックスピッツァランチ」(サラダ、ドリンク)
1050円

昼「桜懐石」月替り5775円の一例(前菜、椀盛、造り、凌ぎ、焼き物、焚合、揚げ物、酢の物、止椀、飯、水物)＊税・サービス料別

季節の野菜を練り込む北イタリアの手打ちパスタ
「菜の花のトルテッリ　王林とカプレーゼ」

上質な料理を自由に楽しく。食べることが大好きな人と

osteria C.《オステリア チ》

あきる野市 ●イタリアン

東京の西の田舎、自然の中に浮かぶ透明の四角い建物。晴れた日はもちろん、雨の日もアウトドアな気分になれるオステリア。

さあ入って、ここは友だちの家。靴を脱いでくつろいで、と千葉正範さん、和子さん夫妻に迎えられる。春夏秋冬、年4回替わるメニューは7品コースと、その中からの4品コースの2種。いずれもワインに合う魚介のお皿で幕が開き、季節の野菜たっぷりの2皿目へと続く。気取らずお箸で取り分けて、パンでお皿を拭いながらどうぞ。「食事は楽しく」と願う夫妻の大らかなサービスと料理に身を任せて、心ゆくまで食いしん坊になってよし。

夏は、新潟県村上市より取り寄せる天然の岩牡蠣、前日に手打ちするパスタなど。よりよい食材でもてなしたいと願うゆえ、3日前までの予約、おいしい時間の約束が必須。 M

メニュー
グラスワイン 600円～
ボトルワイン 3800円～

☎ **042-596-3595**
住 あきる野市戸倉843-1
JR五日市線武蔵五日市駅からバスで「西小中野」下車徒歩7分

営 12:00～15:00、18:00～22:00
定 水・木曜
席 テーブル14席
禁 禁煙
P あり

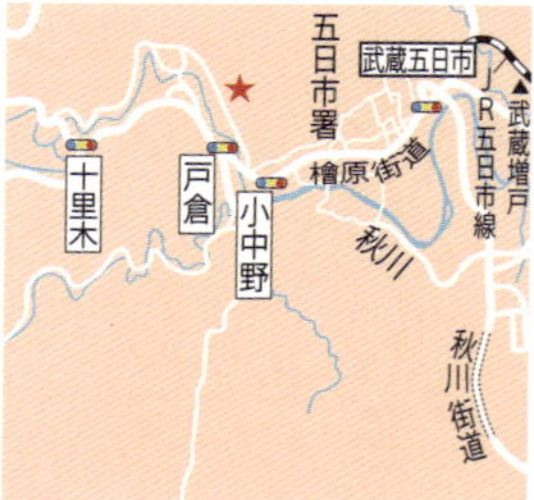

2名～の「おまかせシェア料理」　3780円（4皿）、
6300円（7皿）＊３日前までに要予約
ある日のメニューより。あきる野市産の野菜も
使用する「野菜のポワレ」

秋川駅前の貴重なフレンチレストラン

ビストロカフェ コサッチ

あきる野市 ●フレンチ

「あきる野に、こんなにおいしい牛肉があるのです」とオーナーシェフの小佐野さんが力強くすすめるのが、東京都産黒毛和牛秋川牛のステーキ。あきる野市・菅生の竹内牧場で飼育されたA４等級以上のものを、「秋川牛」としてブランド化している。この店では、その秋川牛を地元の松村精肉店から特約店として入荷させている。

希少価値の高いこの黒毛和牛の味わいは「しつこくなくさっぱりとしているので、僕の濃厚なソースにピッタリです」と、海外で多数のＶＩＰを担当してきたシェフの小佐野さんは語る。

ほかにも、ジビエをはじめとしたディナーコースがリーズナブルにいただける貴重な店だ。N

メニュー

ランチ

プレートランチ（メインとサイドを数種からひとつずつ選択・スープ・サラダ・パンまたはライス・コーヒー）　９５０円

☎ **042-595-5895**

定 不定休、第３水曜

席 テーブル24席　オープンテラス18席

喫 喫煙可

P なし（近くにコインパークあり、3時間無料）

住 あきる野市秋川1-8　ルピア1F
JR五日市線秋川駅北口徒歩3分

営 11:00～15:00、18:00～21:30（20:00 LO）

せっかくだから長居してリラックス、朝湯朝酒朝ごはん

瀬音《せおと》の湯内《ゆない》 和食だいにんぐ川霧《かわぎり》

あきる野市 ●和食

秋川渓谷のほとりにある瀬音の湯。アルカリ性単純泉でお肌に柔らかいと、人気の温泉だ。その施設内でいただく築地直送の魚は、新鮮そのもの。のらぼうなど地元の旬の野菜が中心と、食材の調達にもポリシーがある。６月～９月に解禁される鮎やヤマメは、一品料理や会席料理として登場する。冬限定の河豚コースも。

各種コンクールでの受賞歴がある料理長・五木田光吉さんは、「温泉施設ということもあり、年配の方もいらっしゃるので食べやすさと盛り付けにも気を使っています」と語る。宿泊施設もあるので、次回は泊まって星を眺めながらお湯と料理を堪能したい。N

メニュー

夜　会席料理（４日前まで要予約　２名から）　３２００円～

＊夜には一品料理やランチメニューなどの注文も可

☎ **042-595-2614**

定 3・6・9・12月の第2水曜

席 カウンター10席　テーブル45席
掘りごたつ式個室6室

喫 禁煙（個室のみ喫煙可）

P あり

住 あきる野市乙津565　瀬音の湯内
JR五日市線武蔵五日市駅からバスで「十里木」下車徒歩8分

営 11:30～15:00、17:00～21:00（20:30 LO）

ディナー「秋川牛コースメニュー　ステーキコース」（前菜、本日のスープ、パンorライス、メイン〈150g〉、デザート、コーヒー） 5200円

昼「刺身御膳」（刺身盛り合わせ、小鉢、和え物、白飯、蜆汁、香の物） 1800円

「丁寧な贅沢さ」を味わえるフレンチ

フランス食堂 AGRI《アグリ》

日の出町 ●フレンチ

白で統一された店内には、窓から太陽の光が注がれる。気持ちがゆっくりほぐれていくのを感じる空間は、オーナーシェフの冨田さんが修業したプロヴァンスの雰囲気を意識した内装。かの地の自由な気質は、シェフがオリジナル料理を創作する源だそうだ。

魚介類は八戸直送、旬の野菜を青森まで買い付けに行くこともある。「料理の向こうにいる、農家の方や漁師さんへの感謝の気持ちを、お客さんにも感じてもらえたらうれしい」。冨田さんの言葉にうなずきながら、いつもより丁寧にかみしめていただく。電車とバスを乗り継いで…それでもまた来たい、強くそう思える店。N

メニュー

ランチ　カレーセット（サラダ・コーヒーまたは紅茶付き）　1580円

ディナー　Aコース（前菜・スープ・魚料理または肉料理・パン・玄米のお粥・デザート・コーヒーまたは紅茶）　3800円

☎ **042-597-5332**

定 月（祝日の場合翌日）、第3火曜

席 テーブル20席　個室6～8名

禁煙（個室は喫煙可）

P あり

住 西多摩郡日の出町大字平井226-5
JR五日市線武蔵引田駅徒歩17分

営 11:30～15:00（14:00 LO）
18:00～22:00（20:00 LO）

何度でも行きたい！　奥多摩で行列のできる釜めし屋

釜めし なかい

奥多摩町 ●和食

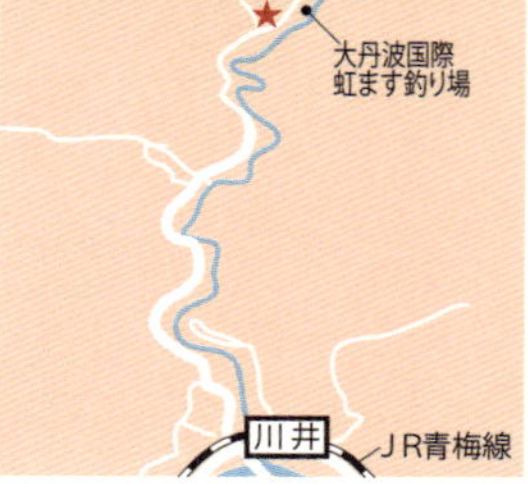

最寄り駅から徒歩30分、山道を歩いて辿り着く。不便な立地に店を構えながらも、ハイシーズンには順番待ちという、老舗の人気釜飯店。以前は自宅だった昭和初期の日本家屋を改装した店には、井戸や囲炉裏があり風情がある。

看板メニューの「きのこ釜めし」に使われているしめじは、毎朝摘むという新鮮さ。それをしっかりと下煮してから釜で炊き上げる。またすべての釜めしセットには水たき、自家製の刺身コンニャク、小豆から仕込んでいるゆでまんじゅうが付く。

「お客さんの喜ぶ顔が見たいから」と、先代の宮野洋一さんと長男で2代目主人・啓一さんの2人で常に新しいメニューを開発中。G

メニュー

たけのこ釜めしセット　1500円

山菜おこわ釜めしセット　1600円

うなぎ釜めしセット　1900円

☎ **0428-85-1345**

定 木、第2水曜

席 45席

禁煙

P あり

住 西多摩郡奥多摩町大丹波175
JR青梅線川井駅徒歩30分（送迎可）

営 11:00～15:00、16:00～19:00（18:00 LO）

ランチ「シェフのおまかせコース」（前菜、スープ、魚料理、肉料理、パン、デザート、コーヒー or紅茶）3200円

「きのこ釜めしセット」1500円

奥多摩の山稜と多摩川を眺めながら、風雅な時間を

奥多摩・松乃温泉 割烹旅館 **水香園《すいこうえん》**　　奥多摩町 ●和食

　多摩川の清流沿いにある老舗割烹旅館。３０００坪の庭園には趣のある８棟の離れが贅沢に点在する。食事利用の場合は、通常は１０００円の温泉に入り放題という特典が。

　料理は山菜やアワビ茸、めずらしい奥多摩ヤマメなど地のものを中心に、料理長の柳勝利さんが丹精込めた会席料理は、風情もボリュームもたっぷりでさまざまな料理を楽しめる。

　魂が洗われるような景色に心を奪われ、ゆっくりと流れる時間。四季折々でまったく違った美しい表情を見せる庭園だが、とくに素晴らしいのが紅葉と雪景色の季節とのこと。

　着いたらまずひと風呂浴びてご馳走とおしゃべり。そしてまたひと風呂。駅を降りてすぐなので、思い立ったらすぐに行ける便利さもうれしい。G

メニュー

コース　６８２５円／７８７５円／８９２５円

＊席料一室３０００円を本書の読者限定サービス。できれば予約を。

清流 お花見御膳（春限定）　３５００円

☎ **0428-85-2221**

住 西多摩郡奥多摩町川井640
JR青梅線川井駅徒歩6分

営 11:30 ～ 14:30（12:30 LO）、17:00～20:00（19:00 LO）
定 不定期
席 70名までの大部屋　8棟の離れ
喫煙可
P あり

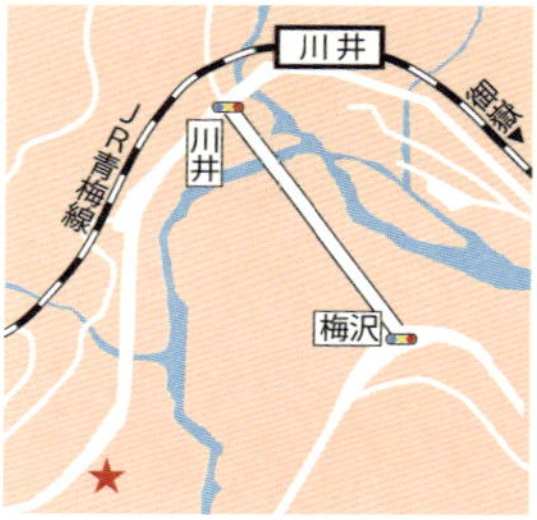

「お昼のコース」6825円〜の一例

取材・執筆・撮影は6名のフードアナリストの資格を持つライターが担当しました。「フードアナリスト®」とは、消費者の視点でレストランや食材・食品にアプローチする食の専門家のことです。食のニュースを発信&食のトレンド情報をわかりやすく伝えるために、あらゆる角度から食に関する知識を体系的に学んでいます。

松《まつ》井《い》一《かず》恵《え》

walk writer

1964年、 大阪生まれ。本や雑誌の仕事を夢見て「女性のための編集者学校」に通うため上京後、 食関連の仕事に携わる。主な本は『おいしいごはんの店』(野草社)、『多摩おさんぽ日和』『えこたま食堂』(けやき出版)。フードアナリスト協会にてライター講座の講師も担当。様々なお店を訪ねた経験を生かし「ちいさなお店のちいさな応援団」を主宰する。生産者・飲食店・消費者、みんなの元気を願い、今日もビールで乾杯。M

高《たか》橋《はし》雅《まさ》子《こ》

グルマンの両親に連れられ幼少より食べ歩きを開始。日本はもとより、フランス、イタリア、イギリスなどヨーロッパ各国をはじめ、アジアやアメリカのおいしいお店を食べ歩いた経験を持つ。ライフワークは、「食」を通して健康で幸せな人生の提案。趣味は、おいしい料理を習いたての一眼デジカメで撮影すること。G

立澤《たつざわ》 夢《ゆめ》

山梨県出身。短大を卒業後、 調理師学校に入学。料理の基礎を学びながらフードアナリストの資格と出合う。食べる楽しさ、食の情報を伝えるべく、様々な媒体でフードライターとして活動中。Y

ライター紹介

chie《ちえ》*

海とのどかな田園風景が広がる能登半島で生まれ育つ。祖母が仕込んだ味噌を樽から直に舐めるのが好きだった幼少の思い出から、その奥深さに興味を持ち、「みそソムリエ」の資格を取得。日本文化を育んで来た味噌のよさを多くの人に知ってもらいたいと、 ブログ「お味噌のそこがミソ☆chie*のお味噌ステキ探訪紀行」を発信中。趣味はゴルフとスイーツ探訪。[C]

坪《つぼ》 恵子《けいこ》

音楽大学を卒業後、なぜか食に興味を持ちフードライターの道へ。レストランMOOKや携帯サイト『らくらくニッポン探訪 老舗味めぐり』などで、ライターとして活躍中。趣味は、茶の湯とクラシック音楽鑑賞。[T]

長岡《ながおか》幸《ゆき》代《よ》

多摩市で育ち、 学生時代には吉祥寺周辺で遊び、現在はあきる野市に住む根っからの多摩っこ。お酒をこよなく愛し、酒場を探して東へ西へ…。体重を気にしつつ今日も深酒。これからも、素敵なお店を地元から発信。[N]

多摩ごはん **百店満点レストラン**

2011年5月5日　第1刷発行

編者　株式会社けやき出版

取材・撮影　松井一恵　高橋雅子　立澤夢　chie*
坪恵子　長岡幸代
地図　梅木勝美
デザイン・DTP　有限会社ソーイトン

発行者　清水定
発行所　株式会社けやき出版
〒190-0023　東京都立川市柴崎町3-9-6
TEL042-525-9909
FAX042-524-7736
http://www.keyaki-s.co.jp

印刷所　株式会社平河工業社

ISBN978-4-87751-439-6　C0076